Sabine Lemire

Wunderschön und selbstgemacht

Über 100 einfache DIY-Projekte für Mädchen

Aus dem Dänischen von Eva Eckinger

Arena

Für Manon & Inès

Vorwort

Es gibt keinen Grund, auf deine Eltern zu warten, wenn du kreativ werden möchtest. In diesem Buch findest du ganz viele Gestaltungsideen, die du auch ohne Hilfe hinbekommst. Auf den Abbildungen und Fotos lässt sich gut erkennen, wie die Anleitungen funktionieren. Das Buch enthält sowohl einfache Projekte als auch Anspruchsvolles, für das du etwas mehr Zeit, Übung und Geduld brauchst. Einige Sachen kannst du genau so anfertigen, wie sie im Buch erklärt werden. Andere können verändert und in deinem eigenen Design oder mit deinen eigenen Ideen umgesetzt werden. Ich hoffe, du wirst bald merken, wie schön und inspirierend es ist, etwas selbst zu machen. Je früher man verschiedene Techniken lernt, desto einfacher ist es – und wer Dinge mit seinen eigenen Händen erschaffen kann, der wird sich nie langweilen.

Ich wünsche dir viel Erfolg bei deinen kreativen Projekten!

Liebe Grüße

Sabine Lemire

Inhaltsverzeichnis

Freundinnen

Freundebuch
S. 16

Halskette
S. 18

Armband
S. 20

Partytime! Los geht die Party!

Picknick
S. 24

Geburtstagsparty
S. 28

Pyjamaparty
S. 36

Ein hübscher Kuchen
S. 43

Blumenfest
S. 44

Mein Zimmer

Mein Traumzimmer
S. 52

Spieglein, Spieglein an der Wand
S. 54

Wandsticker
S. 56

Mein Bett
S. 58

Sternenkissen
S. 60

Kissen aus Küchentüchern S. 61	Schale für Krimskrams S. 62	Wimpelkette S. 64	Aufbewahrungsboxen S. 66
			Garten und Blumen
Minikommode S. 68	Höhle für drinnen und draußen S. 70	Lampe mit Schmetterlingen S. 73	

Blumenpresse S. 78	SO GEHT'S! Blumenkränze flechten S. 80	Blumenkränze S. 81	Blumenkette für die Gartenparty S. 82

Blumensträuße S. 84	Blumenkinder S. 85	Blumentorte S. 86	Blumensamen S. 87

Lavendelsäckchen
S. 87

Probier mal!
S. 88

Herbstblätter
S. 93

Spitzen-Höhle
S. 94

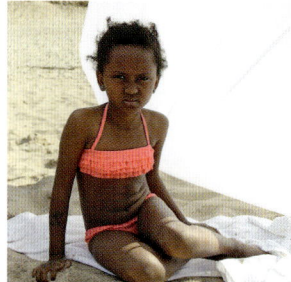
Sonnenschutz
S. 96

Schmuck-stücke

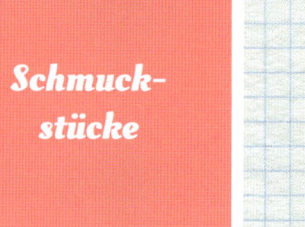
SO GEHT'S! Flechten
S. 100

Geflochtene Armbänder
S. 101

Halskette mit Lieblingsperlen
S. 102

Anhänger für eine Tasche
S. 103

Halskette mit Quasten
S. 104

Rosenbrosche
S. 105

Halskette mit großen Holz- und Plastikperlen
S. 106

Schmuckschatulle
S. 107

Kirschenbrosche
S. 108

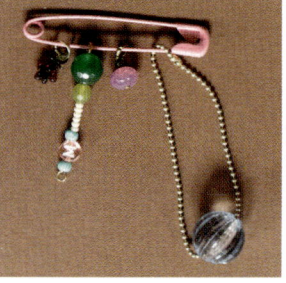
Sicherheitsnadel als Anstecker
S. 109

Paillettenarmband
S. 109

Gestalten mit Stift und Schere

Origami-Katze
S. 112

Kaninchen fürs Zimmer
S. 114

Steine bemalen
S. 116

Muscheln bemalen
S. 119

Pastaspaß
S. 120

Bastle deine eigene Eisdiele
S. 123

Schnürsenkel
S. 124

Scrapbook
S. 125

SO GEHT'S! Obst zeichnen
S. 126

Faltboote
S. 128

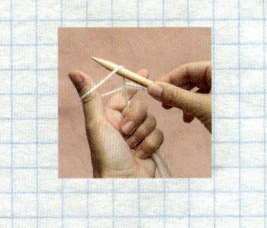
Handarbeiten

SO GEHT'S! Stricken
S. 132

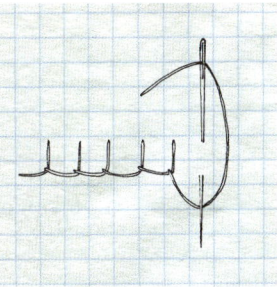
Gestrickte Tiere
S. 134

SO GEHT'S! Sticken
S. 136

Stickereien
S. 137

Mini-Webrahmen
S. 140

Nähprojekte
S. 143

Dein Nähzeug in der Eierschachtel
S. 150

Seifengießen
S. 152

Federn und Muscheln
S. 156

Spaß mit Bügelperlen
S. 160

SO GEHT'S!
Pompons machen
S. 162

Pompons
S. 163

Segelausflug in der Nuss-Schale
S. 164

Pralinen aus Filz
S. 165

Haare

Haarreif
S. 168

Haargummis
S. 169

Haarspange mit Kirschen
S. 170

Haarspange mit Propeller
S. 171

Binde dir eine
Schleife ins Haar
S. 172

Klamotten

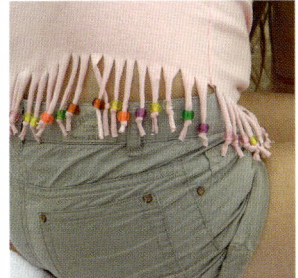
Tanktop mit Fransen
S. 176

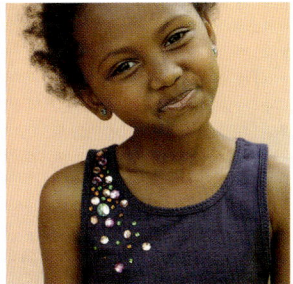
Tanktop mit
Glitzersteinchen
S. 177

Sonnenhut mit Bändchen
S. 178

Koffer mit Stoffbezug
S. 179

SO GEHT'S! Kartoffeldruck
S. 180

Kartoffeldruck
S. 181

Rock
S. 184

Schuhe mit Pünktchen
S. 186

Geflochtener Gürtel
S. 187

Schuhe mit Pompons
S. 188

Schlüsselanhänger
S. 189

Handytäschchen
S. 190

Tasche
S. 192

Vorlagen und Schablonen

Freundinnen

Richtig gute Freundinnen und Freunde sind das Beste auf der ganzen Welt! So vieles im Leben ist leichter, wenn man seine Erlebnisse und Gedanken mit jemandem teilen kann.

Freundebuch

Ein Freundebuch ist eine lustige und tolle Erinnerung. Dieses hier kannst du selber machen und ich habe außerdem gleich ein paar Ideen, welche Fragen du deinen Freunden stellen könntest.

Materialien: *Stoff, Schreibheft, Nähgarn und ein Band*
Werkzeug: *Maßband, Schere und Nähmaschine*

Bemale das Schreibheft. Schneide ein Stück Stoff so zurecht, dass es doppelt so breit ist wie das Heft plus zusätzliche 4 cm an allen Seiten. Schneide ein Stück Futterstoff in der gleichen Größe zurecht.

Tasche:
Schneide nun ein Stück Stoff für die Tasche aus. Es sollte ca. 3 cm kürzer und 2 cm breiter als das Heft sein. Falte die obere Kante nach innen und nähe sie fest. Nähe die Tasche auf das Futter.

Außenstoff:
Schneide zwei Stücke Band ab, die 50 cm länger als die Stoffbreite sind. Nähe sie im Abstand von 6 cm vom oberen sowie unteren Rand fest. Nähe nicht ganz bis an den Rand des Stoffes, da man sonst das Futter nicht annähen kann.

Lege den Außenstoff rechts auf rechts auf den Futterstoff. Nähe die Teile rundherum zusammen und lasse dabei eine Wende-Öffnung von ca. 10 cm übrig. Wende nun den Umschlag. Bügle das Ganze und nähe die Öffnung zu. Stecke das Schreibheft und einen Stift in die Tasche im Umschlag.

Lasse doch einfach alle aus deiner Klasse in das Buch schreiben. Es ist irgendwie blöd, wenn man nicht gefragt wird. Besser einen Freund zu viel als einen zu wenig!

Tipp: Schreibe deine Fragen mit dem Computer, drucke sie aus und klebe sie ins Buch hinein. Dann musst du nicht so oft dasselbe schreiben.

IDEEN FÜRS FREUNDEBUCH

Name:
Adresse:
Mein Familienname:
Mein Haustier:
Mein Lieblingstier:
Meine Hobbys:
Meine Lieblingsmusik:
Meine Lieblingsfarbe:
Mein Lieblingsfilm:
Mein Leibgericht:
Das mache ich gern:
Am besten kann ich ...
Ich kann überhaupt nicht ...
Wenn ich groß bin, werde ich ...
Du bist mein Freund, weil ...

Halskette

Das hier ist eine Halskette, an der alle deine Freundinnen Platz haben. Mache für jede Freundin eine Kette. Wenn ihr alle Anhänger dafür bastelt, könnt ihr untereinander tauschen. Und am Ende sind eure Ketten voll mit kleinen Dingen, die ihr euch gegenseitig geschenkt habt.

Ach – und haltet immer einen Anhänger extra für neue Freunde bereit ;).

Materialien: Verschluss für Halsketten, Perlen, Perlenschnur, Bindering, Nietstifte, Schmuckklemmen, Krimskrams und Anhänger
Werkzeug: Nadel, Schere, Kneifzange und Schmuckzange

Die Kette:
Fädle mithilfe einer Nadel eine Schnur durch den Verschluss. Ziehe anschließend beide Enden der Schnur durch die Nadel, sodass du mit doppeltem Faden arbeitest.
Fädle so lange Perlen auf, bis die Kette die gewünschte Länge hat. Hinter dem Verschluss machst du nun einen Knoten in die Schnur. Fädle die Schnur nun so durch ein paar der letzten Perlen hindurch, dass man das Ende nicht mehr sieht.

Anhänger:
Bastle Anhänger aus Perlen und anderem kleinen Krimskrams. Befestige sie an Binderingen, einem Nietstift oder einem kleinen Stück Draht. Du solltest eine Kneif- oder Schmuckzange verwenden, wenn du die Ringe öffnest oder den Draht biegst.

Finde deine ganz individuelle Art und Weise, Anhänger zu basteln. Das kann eine bestimmte Farbe sein, die du dir aussuchst, Perlen mit deinem Namen oder aber eine Form, die du gerne magst.

> **Tipp:**
> Die Ketten sollten mit kleinen Perlen gefertigt werden, sodass die Anhänger ganz einfach vor- und zurückgeschoben werden können.

Armband

Wenn du erst einmal das Weben mit Schnüren gelernt hast (s. S. 141), kannst du es auch mit Perlen versuchen. Das ist zwar ein bisschen schwieriger, macht aber total Spaß!

Die Armbänder sind ein tolles Geschenk für eine Freundin.

Materialien: Perlen, Stickgarn (z. B. Sticktwist) und Nähgarn
Werkzeug: Schere, Nadel und Klebeband

1. Schneide ein Stück Nähgarn von ca. 70 cm und zwei Stücke Stickgarn von ca. 40 cm ab. Binde sie mit einem Knoten zusammen. Das Stickgarn besteht aus sechs dünnen Fäden, die in drei und drei aufgeteilt werden. Befestige die Fäden mit Klebeband auf dem Tisch.
2. Fädle das Nähgarn in die Nadel ein und ziehe die ersten drei Perlen darauf. Führe das Nähgarn mit den Perlen nun unter den Fäden hindurch. Die Perlen sollen zwischen den Fäden liegen.
3. Führe die Nadel auf der Oberseite der Fäden so durch die Perlen zurück, dass sie festgewebt werden.
4. Nimm drei neue Perlen und wiederhole den Vorgang.

Mache so lange weiter, bis das Armband 10–12 cm misst. Binde das Stick- und Nähgarn zu einem Knoten. Flicht die Fäden auf beiden Seiten der Perlenreihen zusammen. Die Armbänder werden mithilfe eines Knotens um das Handgelenk gebunden.

Du kannst die Breite deines Armbandes selbst bestimmen. Es muss nur immer einen Faden mehr als Perlen geben.

Tipp:
Wenn du es zu schwierig findest, mit so kleinen Perlen und dem dünnen Garn zu arbeiten, versuche es stattdessen mit Röhrchenperlen. Mit denen kann man leichter weben.

Partytime!

Los geht die Party!

Wenn du deine Freunde oder Familie gern zum Geburtstag, zu einer Pyjamaparty oder einem anderen Fest einladen möchtest, ist es ganz praktisch, ein paar einfache Rezepte und Anleitungen zum Selbermachen parat zu haben. Mit den Ideen aus diesem Kapitel wird ein großer Tag zu etwas ganz Besonderem.

Picknick

Limonade (8 Pers.)
Zutaten: 6 Zitronen, 350 g Zucker und 1,5 l Sprudelwasser

Presse den Saft der Zitronen aus und erwärme ihn zusammen mit dem Zucker in einem Topf. Wenn sich der Zucker aufgelöst hat, nimmst du den Topf vom Herd und lässt das Ganze abkühlen. Mische den Zitronensaft mit eiskaltem Wasser sowie Eiswürfeln.

Sandwich mit Aubergine (8 Pers.)
Zutaten: 16 Toastbrotscheiben, Mayonnaise, 1 Aubergine, 4 Tomaten, 200 g Mozzarella, Basilikum, Olivenöl, Salz und Pfeffer

Mithilfe eines Glases kannst du Kreise aus dem Toastbrot ausstechen. Röste das Brot auf beiden Seiten. Schneide die Aubergine in dünne Scheiben und brate sie in einer Pfanne mit etwas Öl. Würze sie mit Salz und Pfeffer. Schneide den Käse und die Tomaten in Scheiben. Hacke das Basilikum. Bestreiche das Brot mit Mayonnaise und belege es. Fixiere es am Ende mit einem Holzstäbchen (z. B. einem Schaschlik-Spieß).

Baiser mit Pfirsichen und Beeren (8 Pers.)
Zutaten für die Baisers: 6 Eiweiß, 375 g Zucker und 1 TL Essig
Zutaten für die Creme: 250 ml Sahne, 2 EL Vanillezucker, 2 Pfirsiche und gemischte Beeren

Baisers:
Heize den Ofen auf 180 Grad vor. Schlage das Eiweiß zusammen mit dem Essig steif. Füge dabei langsam den Zucker hinzu. Streue etwas Mehl auf ein Stück Backpapier und setze die Baisermasse mithilfe eines Löffels darauf. Schiebe sie in den Ofen und schalte auf 120 Grad zurück. Backe das Ganze 40 Minuten lang. Öffne anschließend den Ofen und lasse die Baisers langsam abkühlen. Sie sind fertig, wenn sie trocken sind.

Creme:
Schlage die Sahne zusammen mit dem Vanillezucker steif. Richte die Baisers mit Sahne, Beeren und Pfirsichscheiben an.

Geburtstagsparty

Pfeifenreiniger-Krönchen
Materialien für eine Krone: 5 Pfeifenreiniger

Schlinge zwei Pfeifenreiniger zu einem Ring. Biege aus einem Pfeifenreiniger mittig ein kleines Herz auf einem Zacken. Befestige den Zacken am Ring. Fertige auf jeder Seite des Herzens zwei Zacken aus jeweils einem Pfeifenreiniger.

Süße Partyflaschen
Materialien für den Hut: Pappe, Gummischnur, Papier oder Stoffband und kleine Pompons
Werkzeug: Vorlage (S. 203), Bleistift, Schere, Lochzange und Klebepistole

Übertrage die Vorlage auf die Pappe und schneide die Umrisse aus. Falte den Hut und klebe ihn zusammen. Befestige die Pompons auf dem Hut und klebe das Band unten am Rand fest. Knipse nun zwei Löcher in die Seiten des Hutes und ziehe eine Gummischnur hindurch.

Materialien für die Flaschen: Plastikflaschen, Süßigkeiten und Tröten

Fülle die Süßigkeiten sowie eine Tröte in die Flaschen. Setze den Flaschen einen Hut auf und stelle sie neben die Teller der Gäste.

Perlenarmband
Materialien: 20 cm Gummiband, Perlen, Pralinentütchen aus Cellophan mit Verschluss

Fülle ein paar Materialien für ein Armband in die Tütchen, das deine Gäste im Laufe der Party selbst basteln können.

Muffinkette

Materialien: 20 Muffinförmchen, Schnur und 20 Perlen
Werkzeug: Ahle und Klebepistole

Bohre Löcher in die Mitte der Förmchen. Fädle Perlen und Förmchen abwechselnd auf die Schnur. Klebe sie im Abstand von 15 cm mithilfe der Klebepistole fest.

Minipizzen (ca. 10 Stück)

Zutaten für den Teig: 15 g Hefe, 150 ml lauwarmes Wasser, 3 EL Olivenöl, 1 TL Salz, 250 g Mehl

Zutaten für den Belag: 3 große Kartoffeln, etwas Olivenöl, 200 g frischer Mozzarella, 250 g geriebener Käse, Thymian, 1 kleines Glas Basilikum-Pesto, frisches Basilikum, Salz und Pfeffer

Verrühre die Hefe in lauwarmem Wasser. Gib Salz, Öl sowie Mehl hinzu und verknete alles zu einem glatten Teig. Lasse den Teig dann 20 Min. ruhen. Rolle ihn mit einem Nudelholz dünn aus. Anschließend kannst du mit einem Glas kleine Pizzastücke ausstechen und die Teigkreise auf ein mit Backpapier belegtes Backblech legen.

Bestreiche die Pizzen mit etwas Olivenöl. Schneide die Kartoffeln in sehr dünne Scheiben und verteile sie auf dem Teig. Schneide auch den Mozzarella in Scheiben und gib ihn zusammen mit dem geriebenen Käse auf die Kartoffeln. Bestreue das Ganze mit etwas Thymian. Backe die Pizzen nun 6–8 Min. bei 250 Grad. Gib vor dem Servieren einen Klecks Pesto und ein paar Basilikumblätter darauf.

Torte mit Geheimnis

Zutaten: 4 Tortenböden, 300 g Süßigkeiten, 2 Bananen, 250 ml Sahne, Puderzucker, 1 sehr frisches Eiweiß (alternativ Zitronensaft) und Zuckerstreusel

Zutaten für die Creme: 100 g Schokolade, 2 sehr frische Eier und 500 ml Sahne

Creme im Wasserbad:
Lasse die Schokolade bei schwacher Hitze schmelzen und rühre die Eier darunter. Schlage die Sahne steif und hebe sie unter die Schokolade. Lasse die Creme nun über Nacht im Kühlschrank ruhen.

Stich mit einem Glas bei drei der Tortenböden mittig ein Loch aus. Lege einen der Böden mit Loch in die Tortenform. Richte nun Bananenscheiben um das Loch herum an und bestreiche den Boden mit Creme. Lege nun den nächsten Boden darauf und wiederhole den Vorgang mit der Banane sowie der Creme. Wenn alle drei Böden aufeinanderliegen, wird das Loch in der Mitte mit Süßigkeiten gefüllt. Zuletzt setzt du den Tortenboden ohne Loch darauf. Verrühre den Puderzucker mit etwas Eiweiß oder Zitronensaft zu einer Glasur. Gib die Glasur auf den Kuchen und bestreue ihn mit Zuckerstreuseln. Schlage 250 ml Sahne steif und fülle sie in einen Gefrierbeutel. Schneide ein kleines Loch in eine Ecke des Beutels und sprühe die Sahne rund um den Tortenrand.

Apfel am Stiel (8 Pers.)

Zutaten: 4 Äpfel, 32 Grillspieße, 100 g Schokolade, Zuckerstreusel, Mandeln und Kokosraspeln

Schneide die Äpfel in Spalten und spieße sie auf. Lasse die Schokolade schmelzen und tauche die Äpfel hinein. Danach wälzt du sie in Zuckerstreuseln, gehackten Mandeln oder Kokosraspeln.

Pyjamaparty

Pyjamahemden-Einladung

Material: farbiges Papier
Werkzeug: Schere

1. Schneide ein quadratisches Stück Papier aus.
2.–3. Falte die 4 Ecken so zur Mitte, dass ein kleineres Quadrat entsteht.
4.–5. Falte nun das Quadrat so wie auf den Zeichnungen angegeben.
6.–7. Falte den oberen Teil des Rechtecks nach hinten.
8.–9. Falte die Ecken des Vierecks wiederum schräg nach unten, sodass ein Kragen entsteht.
10.–11. Falte die Arme wie auf den Zeichnungen.
12. Zum Schluss faltest du den unteren Teil nach oben. Schwups – schon ist ein Pyjamahemd fertig!

Wenn ihr auf eurer Party einen kleinen Zeitvertreib braucht, könnt ihr zusammen Pyjamahemden falten.

Sternenkette

Materialien: glänzende Pappe und Schnur
Werkzeug: Figurenausstecher in Sternenform und Klebepistole

Stich Sterne aus und klebe sie an einer Schnur fest.

  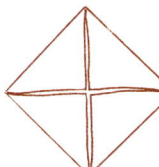
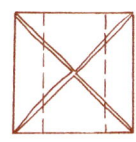   

Salat
Zutaten: grüner Salat, 1 Handvoll Mandeln, 1 Handvoll Brombeeren, 2 EL Öl, 1 EL Balsamico, Salz, Pfeffer

Wasche den Salat gründlich. Röste die Mandeln in einer Pfanne. Verteile die Mandeln und Beeren auf dem Salat. Verrühre Öl, Balsamico, Salz und Pfeffer zu einem Dressing.

Gefüllte Kartoffeln (6 Pers.)
Zutaten: 6 große Kartoffeln, 250 ml Crème fraîche, 250 g Schinken, Schnittlauch, Salz und Pfeffer

Wasche die Kartoffeln und schneide jeweils ein Kreuz hinein. Setze sie auf ein mit Backpapier belegtes Backblech und bestreue sie mit Salz. Backe die Kartoffeln eine Stunde bei 200 Grad. Schneide den Schinken in kleine Stücke und verrühre ihn mit Crème fraîche, Schnittlauch, Salz und Pfeffer. Serviere die Kartoffeln mit der Schinkencreme.

Mohnkuchen mit Schmetterlingen
Zutaten: 75 g Mohnsamen, 200 ml Milch, 2 Eier, 100 g Zucker, 150 g Butter, 50 g Marzipan, 250 g Mehl, 1 TL Backpulver und 50 g gehackte Mandeln

Weiche den Mohn 30 Min. lang in der Milch ein. Schlage Ei und Zucker schaumig. Zerlasse die Butter und gib sie zusammen mit der Milch in die Eiermasse. Krümle das Marzipan hinein. Vermische die Mandeln mit Mehl und Backpulver. Rühre diese Mehlmischung in den Teig. Verteile den Teig nun in einer gefetteten Kuchenform. Bestreue ihn noch mit etwas Mohn und backe den Kuchen 30 Min. lang bei 200 Grad.

Schmetterlinge
Materialien: Pappe und Cocktailspieße
Werkzeug: Figurenausstecher in Schmetterlingsform und eine Klebepistole

Stanze mit dem Figurenausstecher Schmetterlinge aus und klebe diese an den Spießen fest.

Tischkärtchen
Materialien: Servietten, Hängeetiketten und Schnur
Werkzeug: Stift und Schere

Falte die Servietten wie einen Fächer. Schneide ein ca. 30 cm langes Stück Schnur ab und binde es um das Fächerende. Fädle das Etikett auf die Schnur und binde eine Schleife. Schreibe anschließend die Namen deiner Gäste auf die Etiketten.

Frühstückskörbchen

Materialien: Körbe, Plastikbesteck, Servietten, Pralinentütchen aus Cellophan, Hängeetiketten, Schnur, Klebstoff und Goldglitter
Werkzeug: Schere und Pinsel

Bestreiche den Rand der Etiketten mit etwas Klebstoff und tauche sie in Goldglitter. Schreibe die Namen deiner Gäste auf die Etiketten und befestige sie mit der Schnur an den Körben.

Falte die Servietten so, dass sie in die Cellophantüte passen, und stecke sie zusammen mit dem Besteck hinein.

Einfache Brötchen

Zutaten: 150 g Butter, 200 ml Sprudelwasser, ½ TL Salz, 50 g Hefe, 2 Eier, 3 EL Zucker und 500 g Mehl
Zum Bestreichen: 1 Ei

Zerlasse die Butter und gib sie zusammen mit Wasser und Salz in eine Schüssel. Löse die Hefe im Wasser unter Rühren auf und mische nacheinander die Eier, den Zucker sowie das Mehl hinzu. Verknete den Teig leicht und lasse ihn ca. 30 Min. ruhen. Knete ihn anschließend und forme etwa 12 Brötchen daraus. Lasse die Brötchen auf einem mit Backpapier belegten Backblech noch einmal 20 Min. gehen. Bestreiche die Brötchen nun mit Ei und backe sie 10 Min. bei 225 Grad.

Blaubeermuffins
Zutaten: 175 g Butter, 150 g Zucker, 3 Eier, 200 g Mehl, 2 TL Backpulver, 1 TL Vanillezucker und 100 g Blaubeeren

Zerlasse die Butter und schlage sie mit dem Zucker schaumig. Gib die Eier nacheinander hinzu. Vermenge Mehl, Backpulver, Vanillezucker und rühre diese Mischung unter die Eiermasse. Hebe nun die Blaubeeren unter. Verteile den Teig in Muffinförmchen. Backe die Muffins 15 Min. lang bei 200 Grad. Lasse die Küchlein auf einem Rost abkühlen.

Obstsalat
Zutaten: Melone und Beeren

Mische einen Obstsalat aus verschiedenen Melonensorten und Beeren. Hier wurden Honigmelone, Netzmelone und Wassermelone verwendet. Ich habe sie in kleine Stücke geschnitten und mit Erdbeeren sowie Blaubeeren vermengt.

Joghurt mit Müsli
Zutaten für das Müsli: 200 g Haferflocken, 2 Handvoll getrocknete Bananen, 2 Handvoll Mandeln, 50 g Butter, 6 EL Honig und eine Handvoll Rosinen

Hacke die Mandeln fein. Lasse Butter und Honig in einer Pfanne flüssig werden. Röste Haferflocken und Mandeln in der Butter, bis das Ganze zu bräunen beginnt. Nimm die Pfanne vom Herd und gib Bananen und Rosinen hinzu.

Serviere das Müsli zusammen mit Joghurt in kleinen Gläsern.

Ein hübscher Kuchen

Wäre es nicht schön, wenn auch die Bewohner des Puppenhauses bei der Party dabei sind?
Sie könnten doch einfach auf der Torte mitfeiern.

Dieser Kuchen ist tatsächlich nicht so kompliziert, wie er aussieht. Mit der Buttercreme lässt sich ganz leicht arbeiten. Sie kann natürlich auch für alle anderen Arten von Torten verwendet werden. Ich habe dir zusätzlich das Rezept für den Tortenboden sowie eine klassische Tortencreme für die Füllung notiert. Vielleicht hast du ja Lust, alles von Grund auf selber zu machen.

Buttercreme
Zutaten: 250 g weiche Butter, 500 g Puderzucker, etwas Lebensmittelfarbe und evtl. ein Aroma (z. B. Mandel, Vanille oder Lakritz)

Schlage Butter und Puderzucker schaumig. Mische das Aroma und die Lebensmittelfarbe hinein. Nun kannst du die Creme auf eine Torte streichen.

Tortenboden (3 Böden)
Zutaten: 100 g weiche Butter, 150 g Zucker, 3 Eier, 150 Mehl, 1 TL Backpulver und Butter für die Form

Schlage Butter und Zucker schaumig. Gib nacheinander die Eier hinzu. Mische Mehl mit Backpulver und vermenge es mit der Eiermasse. Schneide ein Stück Backpapier auf die Größe einer Springform zu und lege den Boden damit aus. Fette die Seiten und gieße den Teig hinein. Backe nun den Boden ca. 15 Min. bei 200 Grad. Wenn der Boden abgekühlt ist, wird er mit einem langen scharfen Messer in drei dünne Böden geschnitten.

Klassische Tortencreme (Creme für 1 Torte)
Zutaten: 50 g Zucker, 1 Vanilleschote, 25 g Stärke, 3 sehr frische Eigelb und 250 ml Sahne

Mische Zucker, Vanille, Stärke und Eigelb. Erwärme die Sahne in einem Topf. Rühre die Eiermasse in die warme Sahne und lasse das Ganze einmal aufkochen. Anschließend im Kühlschrank abkühlen lassen.

Verteile die Tortencreme auf den Böden und setze sie aufeinander. Zum Schluss wird die Torte mit Buttercreme bestrichen und verziert.

Blumenfest

Ein Gartenfest kann gar nicht romantisch genug sein! Mit unterschiedlichem Blumenschmuck schaffst du ein zauberhaftes Ambiente für ein Picknick im Grünen. Dekoriere einen hübschen Unterschlupf aus Tüll, ihr könnt Theater spielen oder Blumen sammeln. So wird es ein richtiges Feenfest!

Einladung zum Fest
Materialien: Papier, Buchstabenstempel, Stempel mit Blumen, schwarze Stempelfarbe, Schnur und ein paar Blumen

Schreibe die Einladung mithilfe der Stempel und verziere das Papier mit dem Blumenstempel. Bohre jeweils ein kleines Loch in die unteren Ecken des Papiers. Binde die Löcher so mit einer Schnur zusammen, dass das Papier eine Spitztüte bildet. Stecke die Blumen in die Tüte hinein.

Geschenkverpackung
Materialien: gemustertes Papier oder gemusterte Schachtel, Backpapier, Schnur in zwei Farben und eine Blume

Packe das Geschenk zuerst in das gemusterte Papier und danach in Backpapier ein. Binde die Schnüre um das Paket und stecke eine Blume hinein. Du kannst auch eine gemusterte Schachtel in Backpapier einpacken.

Essen
Stelle für jedes Kind einen kleinen Picknickkorb zusammen. Es ist herrlich, wenn man im Gras sitzt und sein eigenes Essen auspacken kann.

Minitörtchen (6 Stück)

Zutaten: 300 g Mürbeteig, 300 g grüner Spargel, 4 Eier, 200 ml Crème fraîche, 150 g Schinken, 100 g Emmentaler, Salz, Pfeffer

Verteile den Teig in Muffinförmchen und backe das Ganze 5 Min. bei 200 Grad vor. Schneide den Spargel in Stücke und dünste diese ein paar Minuten in einem Topf. Verquirle Eier, Crème fraîche, Salz und Pfeffer. Rühre nun den Großteil des Käses hinein. Verteile Schinken und Spargel auf den vorgebackenen Böden und gieße die Eiermischung darüber. Anschließend streust du den restlichen Käse auf die Törtchen und backst sie 20 Min. bei 200 Grad.

Holunderblütensirup und Eiswürfel mit Blumen

(ergibt ca. 2 l konzentrierten Sirup)
Zutaten: 10 große Holunderblütendolden, 5 Zitronen, 1 l Wasser, 1 Tütchen Zitronensäure und 1 kg Zucker

Lege die Blüten in eine Schale. Presse die Zitronen aus. Gieße den Saft zusammen mit dem Wasser über die Blüten und gib Zitronensäure hinzu. Stelle das Ganze 24 Stunden lang kühl.

Gieße das Wasser durch ein Sieb in eine neue Schüssel und gib den Zucker hinzu. Stelle den Saft erneut 24 Stunden lang kühl. Rühre dabei immer wieder um, bis sich der Zucker aufgelöst hat.

Erhitze den Saft vorsichtig. Er darf aber nicht kochen. Bereite ausgekochte Flaschen vor und gieße den Sirup hinein. Fertige nun Eiswürfel mit Gänseblümchen (s. S. 91) und serviere den Sirup eiskalt und mit Wasser.

Naschtütchen (6 Stück)

Materialien: Pralinentüten aus Cellophan, Klebstoff und Pappe

Schneide die Pappe in der Breite der Tüten zurecht und falte sie in der Mitte. Fülle die Naschtüte mit Süßigkeiten und klebe die Pappe als Verschluss um den Rand der Tüte.

Bananenmuffins mit Schmetterlingsblumen (12 Stück)

Zutaten: 150 g Butter, 150 g Zucker, 2 Eier, 200 g Mehl, 4 TL Backpulver, 2 EL Vanillezucker, 1 Banane
Dekor: Puderzucker, getrocknete Blütenblätter, rosa Lebensmittelfarbe, Schmetterlingsförmchen (Ausstecher) und Fondant

Zerlasse die Butter. Schlage Eier und Zucker schaumig. Vermische Mehl, Backpulver und Vanillezucker. Rühre die Mehlmischung sowie die Butter abwechselnd in die Eiermasse. Püriere die Banane und rühre diese ebenfalls unter. Nun verteilst du den Teig in Muffinförmchen und backst die Törtchen 15 Min. bei 200 Grad. Lasse sie anschließend abkühlen, bevor du sie verzierst.

Färbe das Fondant mit der roten Lebensmittelfarbe. Rolle es flach aus und stich mit der Form kleine Schmetterlinge aus. Verrühre den Puderzucker mit ganz wenig Wasser zu einer Glasur. Diese gießt du nun auf die Küchlein. Verziere sie mit getrockneten Blütenblättern und setze zum Schluss die Schmetterlinge darauf.

Hübsche Schokofrüchtchen mit essbaren Blüten

Zutaten: Erdbeeren, getrocknete Bananen, getrocknete Aprikosen, Schokolade, Zuckerstreusel und essbare Blüten

Lasse die Schokolade schmelzen und tauche Erdbeeren, Bananen und Aprikosen hinein. Die Bananen werden mit Lavendel verziert, die Aprikosen mit Rosenblättern und Zuckerstreuseln. Die Erdbeeren bekommen auch eine Deko aus Streuseln.

Beispiele für essbare Blüten: Gänseblümchen, Holunderblüten, Vergissmeinnicht, Rosen, Stiefmütterchen, Lavendel

Torte mit Beeren (10 Pers.)
Zutaten: *3 Tortenböden, 500 ml Sahne, 100 g Makronen, 3 EL Vanillezucker und 1 kg Beeren (Erdbeeren und Himbeeren)*
Dekor: *Zitronenmelisse, Puderzucker, rosa Lebensmittelfarbe, Fondant, Schmetterlingsform, Schlagsahne und Rosen*

Schlage die Sahne steif. Zerbrösle die Makronen und hebe sie zusammen mit dem Vanillezucker unter die Sahne. Püriere die Hälfte der Beeren. Gieße den Saft durch ein Sieb und tränke damit zwei der Tortenböden. Hebe die pürierten Beeren unter die Creme. Streiche die Hälfte der Creme auf einen der saftgetränkten Böden. Lege den nächsten Boden darauf und wiederhole das Ganze. Lege nun den letzten Boden auf die Torte.

Färbe das Fondant mit der roten Lebensmittelfarbe. Rolle es flach aus und stich mithilfe der Form kleine Schmetterlinge aus. Vermische den Puderzucker mit ganz wenig Wasser zu einer dicken Glasur. Verteile die Glasur auf der Torte. Setze eine Rose in die Mitte. Dekoriere die Torte mit Beeren, Zitronenmelisse und Schmetterlingen. Verziere die Seiten mit Schlagsahne und Beeren.

Spiele

Herbarium

Materialien: weißes Papier im DIN-A4-Format, ein Stück Pappe für den Umschlag (11 x 15 cm), Blumen, Bleistift und Klebstoff

1. Falte das Papier einmal der Länge nach und dann zweimal in der Mitte. Schneide die erste Falte in der Mitte auf (s. Bild).
2. Falte das Papier wie auf dem Bild.
3. Schließe das gefaltete Papier zu einem Buch.
4. Falte den Umschlag einmal und lege die Seiten des Buches hinein.

Hier könnt ihr eure gesammelten und gepressten Blüten einkleben. Beschriftet die Seiten mit dem Namen der jeweiligen Blume sowie dem Fundort.

Theater mit selbst gemachten Puppen

Materialien: Holzstäbchen, Klebstoff, Pappe, Filz- und Stoffreste

Wenn sich das Fest dem Ende neigt, ist es eine gute Idee, noch etwas richtig Lustiges zu unternehmen: Spielt euch Theaterstücke vor. Bastle vorher ein paar Puppen, mit denen man sich Geschichten ausdenken kann. Du kannst natürlich auch gekaufte Puppen oder Spielzeug verwenden, z. B. Autos, Boote oder Bauernhoftiere.

Zeichne eine Figur auf Pappe. Schneide in der richtigen Größe Stoff oder Filz aus und beklebe die Figur damit. Befestige ein Holzstöckchen auf der Rückseite.

Mein Zimmer

Dein Zimmer ist ein Ort, an dem du ganz du selbst sein kannst. Es muss gemütlich sein und du solltest dich dort allein ebenso wohlfühlen wie mit Gästen. Am wichtigsten aber ist, dass es genauso aussieht, wie du es dir vorstellst. Es gibt viele kleine Dinge, die du selbst machen kannst, um dein Zimmer in einen außergewöhnlichen Ort zu verwandeln – ohne dass man Möbel oder andere große Dinge austauschen muss.

Mein Traumzimmer

Selten lassen sich alle Einrichtungsideen in Wirklichkeit umsetzen, aber du kannst ja ein Minimodell deines Traumzimmers basteln. Dieses hier ist aus Pappe und nur die Fantasie kann dir Grenzen setzen, wie du es einrichtest.

Materialien: Pappe, kleine Schachtel, Hobbyfarbe, Schnur, Muffinförmchen, Klebeband in verschiedenen Farben und Servietten
Werkzeug: Teppichmesser, Klebepistole und Pinsel

Schneide die Schachtel so auf, dass ein Zimmer mit einer offenen Seite daraus wird. Schneide aus der Pappe Möbel aus, klebe sie zusammen und bemale sie so, wie du es schön findest. Decken, Kissen und Gardinen kannst du aus der Serviette basteln.

Tasse:
Für die Untertasse schneidest du einen Kreis aus Pappe zurecht. Zeichne eine kleine Tasse auf Pappe und schneide sie aus. Klebe nun die Tasse auf die Untertasse.

Stuhl:
Schneide vier Streifen für die Stuhlbeine aus. Schneide ein Viereck für die Sitzfläche und ein rundes Stück Pappe für die Lehne zurecht. Klebe die Teile mithilfe einer Klebepistole zusammen.

Tisch:
Lege ein Muffinförmchen auf ein Stück Pappe und zeichne den Umriss nach. Schneide den Kreis aus und klebe ihn als Tischplatte in das Förmchen hinein. Schneide vier Tischbeine aus und klebe diese unter der Tischplatte fest.

Spieglein, Spieglein an der Wand

Ein langweiliger Spiegel kann mit etwas Perlen und Draht schnell total hübsch aussehen.

Materialien: Draht in zwei verschiedenen Stärken, Perlen und Pailletten
Werkzeug: Kneifzange und Schmuckzange

Fädle Perlen und Pailletten auf den dünneren Draht. Zwirble den Draht so um die Perlen, dass sie festsitzen. Bastle verschiedene Formen aus kleinen Perlen und Draht, z. B. Blumen und Herzen.

Knipse dir ein Stück des dickeren Drahtes so ab, dass es einmal um den Spiegel passt. Wickle nun den Draht mit den Perlen um den dickeren Draht und befestige diesen am Spiegel. Hier ist er mit dem dünnen Draht und Klebeband an der Rückseite des Spiegels fixiert.

So bastelst du eine Blume:
1. Fädle ca. 15 kleine Perlen auf einen Draht.
2. Forme den Draht zu einem Blatt.
3. Fädle wieder 15 Perlen auf und forme erneut ein Blatt.
4. Wiederhole das Ganze vier- oder fünfmal. Wickle den Draht so um die Mitte der Blätter, dass die Blume zusammenhält.

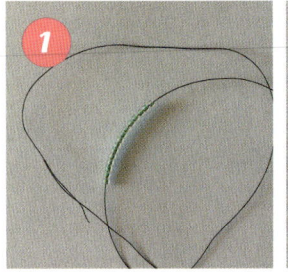    

Wandsticker

Materialien: Tapetenreste und Bleistift
Werkzeug: Schablone (S. 202), Schere, Pinsel und Tapetenkleister

Übertrage die Schablonen für Tassen, Teekanne, Cupcakes und Teller auf die Rückseite der Tapete.

Schneide die Figuren mit einer Schere aus und klebe sie mit Tapetenkleister an die Wand. Beachte dabei die Gebrauchsanleitung auf dem Tapetenkleister.

Wenn die Wandsticker wieder abnehmbar sein sollen, befestige sie einfach mit Klebemasse.

Wenn du die Sticker gern aufstellen statt aufhängen möchtest, befestige eine Stütze an der Rückseite. Schneide hierfür ein Stück dicke Pappe von 2 x 8 cm aus. Falte es mittig und klebe es an die Rückseite der Motive.

Tipp:
Kreiere deine eigenen Sticker! Zeichne z. B. den Umriss eines Spielzeugs, eines Kuscheltiers oder etwas anderes nach.

Mein Bett

Wenn du Farben für dein Zimmer aussuchst, ist es praktisch, Farbproben aufzumalen und diese kreuz und quer nebeneinanderzuhalten. So erkennst du, welche Farben wirklich zusammenpassen.

Hübsche Farben für mein Zimmer

Sternenkissen

Materialien: Schnittmusterpapier, 60 cm Stoff, Nähgarn und Stofftierfüllung
Werkzeug: Bleistift, Schere, Nähnadel und Nähmaschine

Zeichne freihändig einen Stern auf das Schnittmusterpapier und schneide diesen mit einer Nahtzugabe von 1 cm aus. Schneide nach dieser Vorlage zwei Sterne aus Stoff aus. Lege die Sterne rechts auf rechts und nähe sie zusammen. Lasse dabei eine Wende-Öffnung von ca. 10 cm übrig. Wende das Kissen und stopfe es mit Stofftierfüllung aus. Nähe anschließend mit der Hand die Öffnung zu.

Kissen aus Küchentüchern

Materialien: Küchentuch, Nähgarn, Kissen (50 x 50 cm) und ein Stück Stoff von 52 x 42 cm
Werkzeug: Maßband, Schere und Nähmaschine

Schneide das Küchentuch so zurecht, dass es 52 cm breit ist. Schneide den unteren Saum ab.

1. Bügle eine Falte in das Küchentuch, sodass es 51 cm hoch ist.
2. Schlage eine Kante des Stoffes zweimal um 1 cm um, sodass er 52 x 40 cm misst, und nähe die Kante fest.
3. Lege den Stoff rechts auf rechts auf das Küchentuch. Das umgebügelte Stück des Küchentuches liegt dabei über dem Stoff. Vernähe die drei offenen Seiten. Wende das Kissen durch die Öffnung auf der Rückseite.

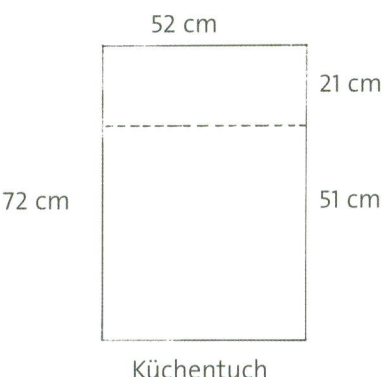

Küchentuch

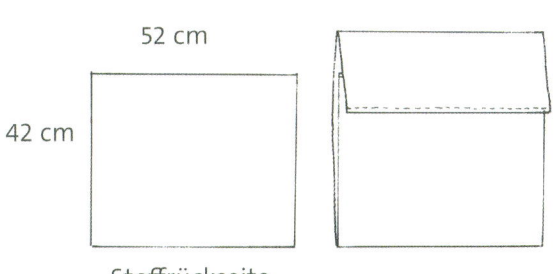

Stoffrückseite

Schale für Krimskrams

Materialien: dicke Pappe, langer Stoffrest und Bast
Werkzeug: Vorlage (S. 200), Bleistift, Schere, Lochzange und Klebepistole

Übertrage die Vorlage auf die Pappe und schneide den Umriss aus. Reiße vom Stoffrest Streifen ab, die etwa 7 mm breit sind.

Schale:
Klebe den ersten Streifen unten am Boden der Pappschale fest. Flicht ihn um die Schale herum. Wechsle zwischen Stoff und Bast ab, bis zum oberen Rand der Schale. Die letzte Reihe flichtst du dann mit einer Lage Klebstoff, damit das Ganze nicht auseinanderfällt.

Boden der Schale:
Klebe einen Stoffstreifen am Boden fest und wickle ihn aus der Mitte heraus um die Pappe, bis der Boden bedeckt ist. Klebe den Boden nun in die Schale.

Schale 1

Schale 2

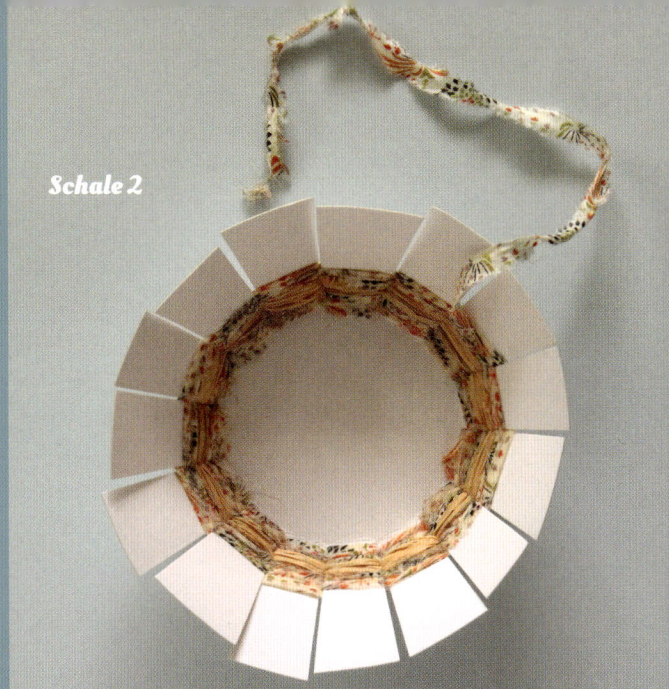

Boden 1

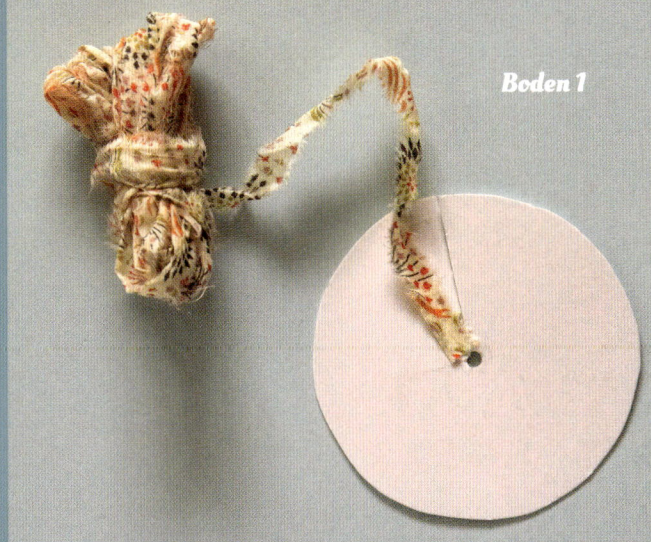

Boden 2

Wimpelkette

Materialien: *Stoffreste, Nähgarn und Schrägband*
Werkzeug: *Vorlage (S. 199), Bleistift, Schnittmusterpapier, Schere und Nähmaschine*

Übertrage die Vorlage auf Schnittmusterpapier und schneide die Umrisse aus. Schneide gemäß der Schablone Wimpel aus verschiedenen Stoffen aus.

Nähe die Wimpel an der einen Seite des Schrägbandes an. Lege das Schrägband nun um den Saum der Wimpel und nähe es auf der anderen Seite auch fest.

Aufbewahrungsboxen

Es ist manchmal ganz schön schwer, eine passende Schachtel oder Kiste zu finden. Aber es ist wirklich gar nicht schwer, ein paar langweilige Kisten etwas hübscher zu machen. Du kannst z. B. Farben und Muster kombinieren, die du sonst nie zusammen verwendest. Daraus können viele tolle Dinge entstehen.

Materialien: Kisten aus Holz, Stoff oder Pappe, Stoff oder Tapete und Decoupage-Kleber
Werkzeug: Maßband, Schere und Pinsel

Miss die Seiten der Kiste ab und schneide den Stoff oder die Tapete auf diese Maße zu. Bestreiche die Kiste mit einer ordentlichen Schicht Klebstoff und lege den Stoff oder die Tapete darauf. Streiche eventuelle Falten im Stoff mit den Fingern glatt. Der Stoff kann leicht etwas weiter werden, wenn er vom Klebstoff nass wird. Lasse ihn einfach auf den Seiten der Kiste etwas überstehen oder warte, bis er trocken ist, bevor du ihn abschneidest.

Die Kisten hier sind nur an den Seiten mit Stoff und Tapete bezogen, die aus dem Regal gucken.

Minikommode

Diese kleine Kommode kannst du für Perlen, Schmuck, Haarspangen und viele andere kleine Schätze verwenden.

Materialien: 9 große Streichholzschachteln, Tapetenreste und Hobbyfarbe
Werkzeug: Pinsel, Bleistift, Lineal, Schere und Klebepistole

Schiebe die Streichholzschachteln auseinander und bemale die Seiten der inneren Schachteln. Klebe die neun Außenschachteln in drei Reihen zusammen. Übertrage die Maße dieser großen Kiste auf die Tapete, sodass du einen langen Streifen hast, und schneide das Ganze aus. Klebe den Streifen um die große Kiste. Setze die bemalten Schachteln wieder ein und fülle sie mit Perlen.

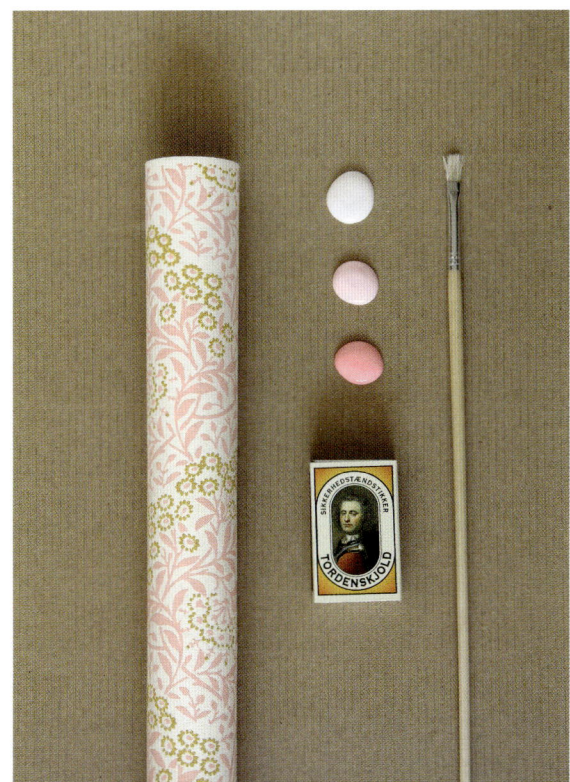

Höhle für drinnen und draußen

Materialien: Hula-Hoop-Reifen, 3 m Schrägband, 1,2 m Stoff für das Dach, 3 m Stoff für die Wände, 2,5 m Stoff für das Kissen, 1,5 m Polsterwatte und Nähgarn
Werkzeug: Maßband, Schnittmusterpapier, Lineal, Schere, Nähmaschine und Nähnadel

Wände:
Miss den Umfang des Hula-Hoop-Reifens. Schneide den Stoff für die Wände so zurecht, dass er 1,5 m hoch und so lang wie der Umfang des Hula-Hoop-Reifens ist. Falte die Kanten an den kurzen Seiten sowie der einen langen Seite des Stoffes zweimal um und nähe einen Saum.

Fenster:
Schneide nun drei Löcher für Fenster in den Stoff. Verwende hierfür die Maße eines Tellers. Die Fenster habe ich in diesem Fall 50 cm oberhalb des Bodens angebracht. Schneide drei Stücke Schrägband zurecht, die 2 cm länger sind als der Umfang des Tellers. Nähe das Schrägband um die Kanten der Fenster.

Höhlenwände

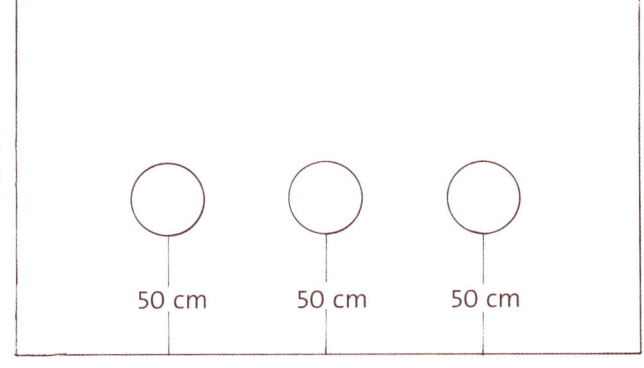

Dach

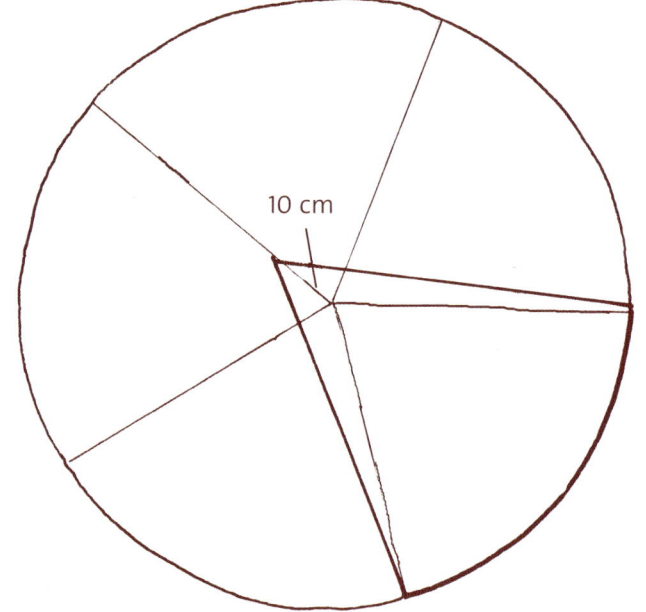

10 cm

Kissen:
Schneide zwei Stücke Stoff in den Maßen des Reifens mit 1 cm Nahtzugabe aus. Schneide ein Stück Polsterwatte mit den gleichen Maßen zurecht. Nähe die Watte und das eine Stück Stoff zusammen. Lege die Stoffkreise nun rechts auf rechts und nähe sie ebenso zusammen. Lasse eine Öffnung von ca. 15 cm übrig. Wende das Kissen durch diese Öffnung und nähe sie anschließend mit der Hand zu.

Dach:
Zeichne den Hula-Hoop-Reifen auf einem Stück Schnittmusterpapier nach. Teile ihn in fünf Stücke auf. Das Dach soll eine Spitze bekommen, deshalb wird jede Ecke um ca. 10 cm, so wie auf der Zeichnung angegeben, verlängert.

Schneide fünf Tortenstücke mit 1 cm Nahtzugabe aus. Nähe sie zusammen und bügle die Nähte glatt. Nähe das Dach und die Wände zusammen. Lege den Hula-Hoop-Reifen von innen an den Rand des Daches und nähe ihn mit der Hand fest.

Lampe mit Schmetterlingen

Materialien: Reispapierlampe und gemustertes Papier
Werkzeug: Figurenausstecher in Schmetterlingsform und eine Klebepistole

Stich mit dem Ausstecher viele Schmetterlinge aus. Klebe sie so an der Lampe fest, dass sie nach einem richtigen Schwarm aussehen. Setze einzelne Schmetterlinge an das Lampenkabel oder die Wand hinter der Lampe. An der Wand kannst du zur Befestigung Klebemasse verwenden.

Im Sommer kann man so viele Dinge draußen machen.
Nur deine Fantasie setzt dir dort Grenzen.
Hier erfährst du, wie du mit Blumen bastelst und
dekorierst und welche du sogar essen kannst.

So presst du Blumen

Welche Blumen eignen sich zum Pressen?

Die meisten Blumen, die du in der Natur findest, eignen sich gut zum Trocknen. Suche dir Blumen mit etwas flacheren Blütenständen aus, wenn du sie im Ganzen pressen möchtest. Du kannst aber auch die Blütenblätter abzupfen und sie einzeln trocknen. Kleinere Blümchen wie Gänseblümchen oder Butterblumen sind einfach zu pressen, weil sie so zart sind. Im Herbst kannst du auch schöne bunte Blätter verwenden.

Blumenpresse

Materialien: 2 Acrylplatten à 25 x 25 cm (Baumarkt), 4 Schrauben und 4 Flügelmuttern
Werkzeug: Bohrmaschine mit Metallbohrer

1. Bitte den Verkäufer im Baumarkt darum, dass er dir die Platten zurechtschneidet. Bohre in jede Ecke ein Loch für die Schrauben.
2. Schraube die Platten so zusammen, dass du sie fest zusammenpressen kannst.
3. Lege ein Stück Zeitung auf die untere Platte. Verteile die Blumen darauf und decke sie mit einem Stück Zeitung zu. Darauf kommt die obere Platte.
4. Ziehe die Schrauben so fest, dass die Blumen gepresst werden.

Kleine Blumen und Blätter musst du etwa eine Woche pressen und trocknen. Bei größeren Blumen kann es auch mal zwei Wochen dauern.

Wenn die Pflanzen trocken sind, kannst du sie in ein Herbarium kleben, für Bastelprojekte verwenden oder sie einfach ohne das Zeitungspapier in der Pflanzenpresse ausstellen.

SO GEHT'S!
Blumenkränze flechten

Du kannst aus ganz vielen verschiedenen Blumen Kränze flechten. Sie müssen nur einen weichen Stängel haben. Versuch's zum Beispiel mit Gänseblümchen, Löwenzahn, Klee und anderen Wiesenblumen.

Blumenkränze

Kranz aus Gänseblümchen

Pflücke ca. 50 Gänseblümchen. Lasse dabei die Stängel so lang wie möglich, damit du sie gut flechten kannst. Flicht sie wie auf der Zeichnung angegeben. Verschließe den Kranz mit einem Gummiband, sobald er um den Kopf herumreicht.

Stockrosen an der Schnur

Materialien: Stockrosen und Schnur
Werkzeug: Nadel

Sammle die Rosen, die herabgefallen sind. Fädle sie auf eine Schnur und mache eine Halskette daraus.

Kranz aus Blumen vom Wegesrand

Flicht die Blumen wie in der Zeichnung angegeben und verschließe den Kranz mit einem Gummiband.

Blumenkette für die Gartenparty

Materialien: *Rosen, Dahlien und Schnur*
Werkzeug: *Schere und Nadel*

Schneide die Köpfe der Blumen ab und ziehe sie auf eine lange Schnur. Dekoriere damit den Garten oder das Fensterbrett.

Du kannst für die Kette viele verschiedene Blumen verwenden. Sie sollten nur nicht zu klein sein, sonst werden sie von der Nadel kaputt gemacht. Bei Rosen ist es etwas schwerer, die Nadel hindurchzustechen. Verwende dafür eventuell eine Zange.

Blumensträuße

Kleiner Strauß vom Wegesrand in einer selbst gemachten Vase
Materialien: Blumen, Plastikbecher und wasserfeste Hobbyfarbe
Werkzeug: Pinsel

Bemale den Becher in hübschen Farben und lasse ihn trocknen. Verwende ihn als Vase für die Blumen.

Strauß aus Perlenblümchen
Materialien: Blumen und große Perlen
Werkzeug: Klebepistole

Klebe die Perlen in die Mitte der Blumen.

Pfingstrosen-Gesichter
Materialien: *Pfingstrosen, kleine Wattekugeln und schwarze Hobbyfarbe*
Werkzeug: *Pinsel und Klebepistole*

Klebe als Augen zwei Wattekugeln an jede Rose. Male jeweils einen kleinen schwarzen Punkt für die Pupille hinein.

Blumenkinder
Materialien: *Blumen, Zahnstocher, Pappe und Farbe*
Werkzeug: *Schere und Klebepistole*

Male Gesichter auf die Pappe und schneide sie aus. Klebe jeweils ein Gesicht an die obere Spitze eines Zahnstochers. Fädle die Blumen auf den Zahnstocher. Die letzte Blume fädelst du mit dem Kopf nach unten auf, damit das Ganze einen besseren Stand hat.

Blumentorte

Materialien: Steckschwamm, Blumen und Geburtstagskerze mit Halter
Werkzeug: Teppichmesser und Blumenschere

Schneide den Steckschwamm mit dem Teppichmesser zu einer runden, kuchenartigen Form zurecht. Schneide die Köpfe von den Blumen und dekoriere damit den Kuchen. Sie sollten ganz fest sitzen. Platziere nun die Kerze in der Kuchenmitte und stelle den Kuchen auf eine kleine Platte, damit man ihn wässern kann.

Blumensamen

Materialien: gemustertes Papier, Pralinentütchen aus Cellophan, weißes Papier, Buchstabenstempel und Stempelkissen, schwarzer Stift, Nähgarn und Samen
Werkzeug: Schere und Nähmaschine

Schneide ein Stück gemustertes Papier so zurecht, dass es in die Cellophantüte passt. Schneide aus dem weißen Papier ein Etikett aus. Zeichne die Blume darauf und schreibe ihren Namen mit den Buchstabenstempeln dazu. Klebe das Etikett auf das gemusterte Papier. Lege das Papier nun in eine Tüte und schütte die Samen hinein. Verschließe die Tüte, indem du sie mit der Nähmaschine zusammennähst.

Lavendelsäckchen

Materialien: Lavendel, 2 Stücke Stoff à 12 x 10 cm, Draht und 40 cm Band
Werkzeug: Schere, Nähmaschine und Sicherheitsnadel

Lavendelzweige:
Pflücke die Lavendelzweige am besten im Juli, sobald sie zu blühen beginnen. Hänge sie zum Trocknen auf. Du kannst sie auch nach draußen hängen, aber nur wenn das Wetter nicht feucht ist.

Säckchen:
Lege die zwei Stücke Stoff rechts auf rechts aufeinander. Nähe drei der Seiten zusammen und lasse eine kurze Seite offen. Wende das Säckchen und bügle es. Falte die Kante der letzten Seite ca. 1,5 cm nach innen. Nähe einen Tunnelzug von ca. 1 cm. Lasse an der Seite kleine Löcher für das Band. Führe das Band nun mithilfe einer Sicherheitsnadel durch den Tunnelzug. Fülle das Säckchen mit Lavendel und ziehe das Band zu.

Essbare Blumen: Gänseblümchen, Rosen, Löwenzahn, Giersch, Brennnessel, Taubnessel, Kapuzinerkresse, Ringelblumen, Nelken, Tagetes, Holunderblüten, Vergissmeinnicht, Minze, Hibiskus und viele andere.

Giftige Blumen: Goldregen, Rhododendron, Eibe, Buchs, Seidelbast, Maiglöckchen, Aronstab, Bärenklau, Fingerhut und viele andere.

Probier mal!

Es gibt richtig viele Pflanzen, die man zum Kochen verwenden kann. Und es macht Spaß, etwas zu naschen, das man selbst gepflückt hat. Bevor du eine Pflanze probierst, musst du immer einen Erwachsenen fragen, um auch ganz sicher zu sein, dass du sie essen kannst!

Bedenke, dass Blumen, die du im Blumenladen kaufst, meist gespritzt wurden, weil sie eben nicht zum Kochen gedacht sind. Frage daher immer nach, bevor du Blumen fürs Essen kaufst. Viele Kräuter, wie Minze oder Oregano, blühen mit den schönsten Blüten, und auch die kannst du natürlich essen. Der Rote Salbei hat hübsche rosa Blütenstände, die man zum Beispiel als Deko für Kuchen verwenden kann.

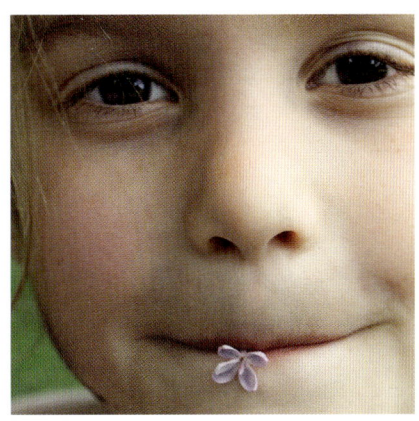

Holunderblüten

Holunder findest du am Waldrand, in Parks oder Gärten. Er ist reich an Vitamin C und eignet sich ausgezeichnet für erfrischende Sommerrezepte. Er blüht im Juni/Juli.

Holunderblüten-Pfannkuchen

Zutaten: 250 g Mehl, ½ TL Salz, 500 ml Milch, 4 Eier, Butterschmalz oder Öl und 10 Holunderblütendolden

Mische Mehl und Salz in einer Schüssel. Gib die Milch so unter Rühren hinzu, dass sich keine Klumpen bilden. Schlage dann die Eier hinein. Lasse den Pfannkuchenteig 30 Min. ruhen. Tauche die Holunderblütendolden in den Teig und brate sie in reichlich Fett. Nun kannst du die mit Teig umhüllten Blüten direkt vom Stängel essen. Evtl. mit Puderzucker bestreuen.

Holunderblütensaft

Zutaten: 10 große Holunderblütendolden, 5 Zitronen, 1 l Wasser, 1 Tütchen Zitronensäure und 1 kg Zucker

Lege die Blüten in eine Schale. Presse die Zitronen aus. Gieße den Saft zusammen mit dem Wasser über die Blüten und gib Zitronensäure hinzu. Stelle das Ganze 24 Stunden lang kühl.

Gieße das Wasser durch ein Sieb in eine neue Schüssel und gib den Zucker hinzu. Stelle den Saft erneut 24 Stunden lang kühl. Rühre dabei immer wieder um, bis sich der Zucker aufgelöst hat.

Erhitze den Saft vorsichtig. Er darf aber nicht kochen. Bereite ausgekochte Flaschen vor und gieße den Sirup hinein.

Diese Menge ergibt etwa zwei Liter konzentrierten Saft.

Bananenkuchen mit Blumen

Zutaten: 3 Eier, 180 g Zucker, 2 EL Vanillezucker, 100 g Butter, 150 g Mehl, 1 TL Backpulver und 2 Bananen
Deko: Blumen
Hier habe ich Sonnenblumen, Tagetes, Rosen und Nelken verwendet.

Rühre Eier, Zucker und Vanillezucker in einer Schüssel schaumig. Zerlasse die Butter. Vermische Backpulver und Mehl. Gib abwechselnd Mehl und Butter zur Eiermasse. Verrühre den Teig gut und gib zum Schluss die pürierten Bananen dazu.
Fette eine ofenfeste Form und backe den Kuchen darin 30 Min. bei 175 Grad.
Dekoriere den Kuchen mit den Blumen.

Muffins mit Himbeeren und Blumen (ca. 12 Stück)

Zutaten: 175 g Butter, 150 g Zucker, 3 Eier, 200 g Mehl, 2 TL Backpulver, 1 TL Vanillezucker und 2 Handvoll Himbeeren
Deko: Puderzucker, Wasser und essbare Blüten

Zerlasse die Butter und schlage sie mit dem Zucker schaumig. Rühre nacheinander die Eier ein. Mische Mehl, Backpulver und Vanillezucker. Gib das Mehl zum Teig und verrühre alles gut. Gib die Himbeeren hinzu. Verteile den Teig in den Muffinformen.

Backe deine Muffins ca. 15 Min. bei 200 Grad. Lasse die Küchlein auf einem Rost abkühlen.

Verrühre etwas Wasser mit Puderzucker zu einer Glasur. Streiche sie auf die Küchlein und setze die Blüten darauf.

Hier wurden die Muffins mit Stiefmütterchen, Gänseblümchen und Vergissmeinnicht verziert.

Vergissmeinnicht

Damit kannst du ganz einfach hübsche Getränke für deine Freundinnen zaubern.

Friere Eiswürfel mit Vergissmeinnicht ein. Setze die Blüten in die Formen und gieße sie mit Wasser auf. Stelle die Würfel ein paar Stunden ins Tiefkühlfach.

Prinzessinnenzucker

Zutaten: Blätter von 5 Hibiskusblüten und 180 g Zucker

1. Wasche die Blätter und trockne sie.
2. Gib die Blätter in den Mixer.
3. Füge den Zucker hinzu.
4. Lasse den Zucker auf einem Stück Backpapier trocknen.
5. Bewahre den Zucker in einem kleinen Glas auf.

Herbstblätter

Bringe die Blätter in Form.
Sammle Herbstblätter und stich mit einem Figurenausstecher Formen oder Figuren aus.

Bemalte Blätter

Materialien: Blätter und Glitzerfarbe
Werkzeug: s. S. 78

Sammle Herbstblätter und presse sie ein paar Tage lang, bis sie trocken sind. Bemale sie mit Glitzerfarbe.

Spitzen-Höhle

Es macht Spaß, sich einen kleinen Unterschlupf im Freien zu bauen, wenn die Sonne scheint. Dort kann man dann eine Pause mit Saft und Keksen machen. Diese Höhle ist aus alten Spitzengardinen entstanden. Man findet aber auch oft günstigen Spitzenstoff aus Polyester in Stoffgeschäften.

Diesen Unterschlupf kannst du überall bauen, wo es Bäume gibt. Wenn du also keinen Garten oder Hof hast, nimm einfach Stoff und Klammern mit in den Park.

Materialien: eine Decke zum Draufsitzen, 5–6 m Spitzenstoff, 6 Klammern (z. B. Wäscheklammern) und 4 große Steine

Hänge den Stoff über ein paar Zweige und befestige ihn mit den Klammern. Lege ein paar große Steine auf das Stoffende am Boden, sodass alles am richtigen Platz bleibt.

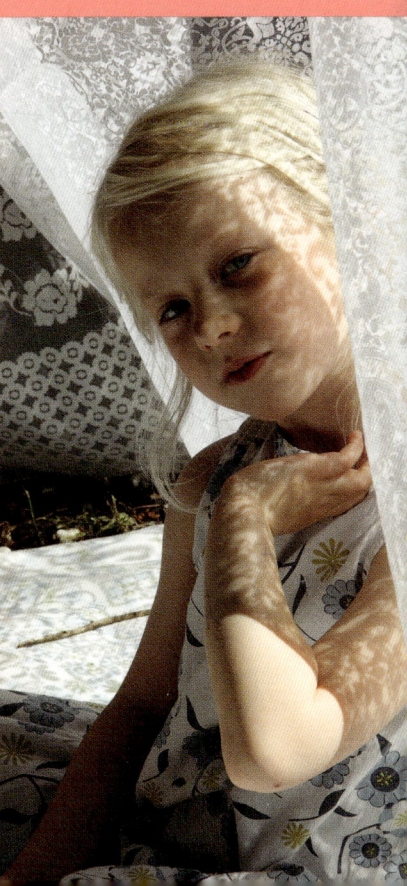

Sonnenschutz

Materialien: 8 Bambusstöcke, 4 Gummibänder, 2 Heringe und 1 Stück Stoff (1,5 x 3 m)

Nähe einen Tunnel (ca. 2 cm) an eine kurze Seite des Stoffes. Fädle einen Stock durch den Tunnel.

Stecke vier Bambusstöcke mit ca. 1,5 m Abstand in den Boden. Verbinde die Stöcke oben mit den drei letzten Bambusstöcken. Binde sie mit Gummiband zusammen. Lege den Stoff mit dem Stock so über die offene Seite, dass ein Dach daraus wird. Befestige den Stoff mit Heringen am Boden.

SCHMUCKSTÜCKE

Es ist toll, seinen eigenen Schmuck zu basteln.
Man ist noch gar nicht fertig mit dem einen
Schmuckstück, da kommt einem auch schon
eine Idee für das nächste.
Schmuck ist auch ein tolles Geschenk für alle,
die du gern hast.

SO GEHT'S!
Flechten

1. Binde drei Schnüre mit einem Knoten zusammen.

2. Befestige die Schnüre an etwas Stabilem. Du kannst sie entweder an eine Türklinke binden oder sie mit Klebeband an einer Tischplatte festmachen.

3. Nimm abwechselnd die Schnur auf der linken und der rechten Seite und lege sie über die Schnur in der Mitte. Mache so weiter, bis die Flechtarbeit die gewünschte Länge hat.

4. Schließe das Geflochtene mit einem Knoten.

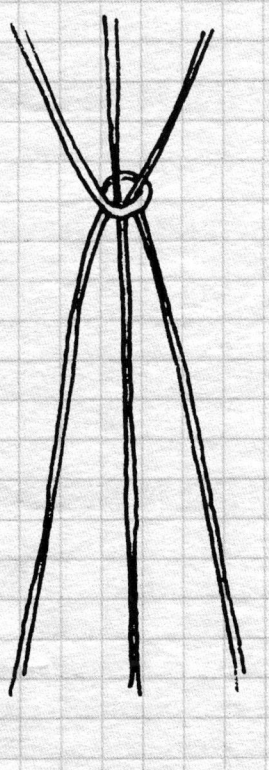
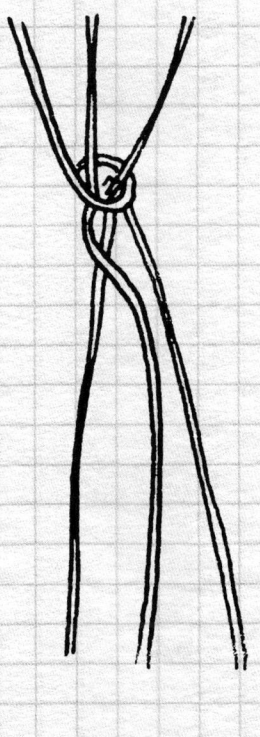
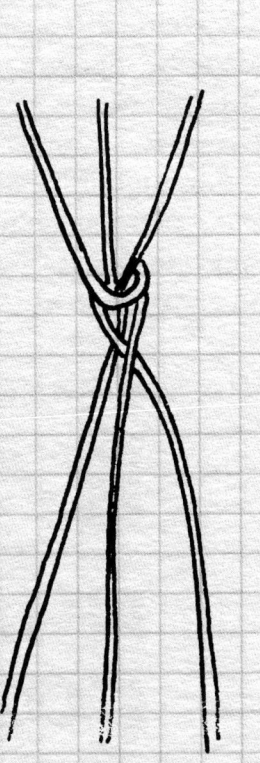

Geflochtene Armbänder

Materialien: Stickgarn, Perlen, Nähgarn und Textilkleber
Werkzeug: Schere, Nadel und Klebeband

Befestige die Schnüre mit Klebeband an einer Tischplatte, damit du strammer und gleichmäßiger flechten kannst. Sieh dir evtl. auch noch mal die Anleitung links an. Du kannst aus sechs, neun oder zwölf Schnüren ein Armband flechten, je nachdem, wie dick es werden soll. Flicht also ein Band von ca. 12–14 cm und schließe es an beiden Enden mit einem Knoten ab.

Suche dir aus, an welcher Stelle des Armbandes du eine Extraschnur drum herumhaben möchtest. Streiche etwas Klebstoff um diese Stelle und wickle die Schnur fest um das Geflecht.

Verziere das Armband, indem du eine Perle daran festnähst.

Halskette mit Lieblingsperlen

Materialien: Perlen (die schönsten, die du hast) und Gummischnur

Vielleicht geht es dir ja genauso wie mir. In meinen Kistchen liegen einige Perlen, die ich mich einfach nicht zu verwenden traue. Als Kind habe ich bei meiner Großmutter mit Knöpfen und Perlen gespielt. Ich sortierte sie nach Farben und stellte mir dann vor, dass sie kleine Familien wären. Bereits damals fand ich, dass manche Perlen einfach irgendwie besonderer waren als andere.

Auch heute noch fällt es mir manchmal nicht leicht, eine Lieblingsperle oder ein schönes Stück Stoff endgültig zu verwenden. Denn dann habe ich es ja nicht mehr …

Diese Kette hier kann man aber jederzeit wieder auflösen. Sie ist aus einigen meiner schönsten Perlen sowie hübschem Krimskrams gemacht, z. B. kleinen Glöckchen, die an einem alten Armband hingen, eine Fellkugel, bei der ich nicht mehr weiß, woher ich sie habe, und ein paar Glasperlen aus einem Griechenlandurlaub.

Befestige deine eigenen kleinen Schätze an einem Gummiband, damit du die Kette leicht um- und ablegen kannst.

Anhänger für eine Tasche

Materialien: Perlen, Kugelkette mit Verschluss, Niet- oder Kettelstifte
Werkzeug: Kneifzange und Schmuckzange

Anhänger:
Setze die Perlen so auf die Nietstifte, dass 4 mm für den Verschluss übrig bleiben. Verwende ganz oben sowie ganz unten eine Perle mit kleinem Loch. Biege den Nietstift oben mit der Schmuckzange zu einer Öse.

Kette:
Knipse ein Stück Kugelkette von ca. 15 cm ab. Fädle den Anhänger auf die Kette und verschließe sie mit dem dazugehörigen Verschluss.

Halskette mit Quasten

Materialien: Kugelkette mit Verschluss, Perlen, Binderinge und Stickgarn
Werkzeug: Schere und Schmuckzange

Fädle Perlen sowie Quasten auf die Kette und verschließe sie.

Quasten
So werden Quasten gemacht:
1. Wickle das Stickgarn ca. zwölfmal um drei Finger herum.
2. Binde nun ein kleines Stück Garn um den Ring aus Garn.
3. Schneide diesen auf der entgegengesetzten Seite durch.
4. Befestige einen Bindering an der Raffung.
5. Binde ein Stück Garn direkt unter der Öse um die Quaste herum fest.

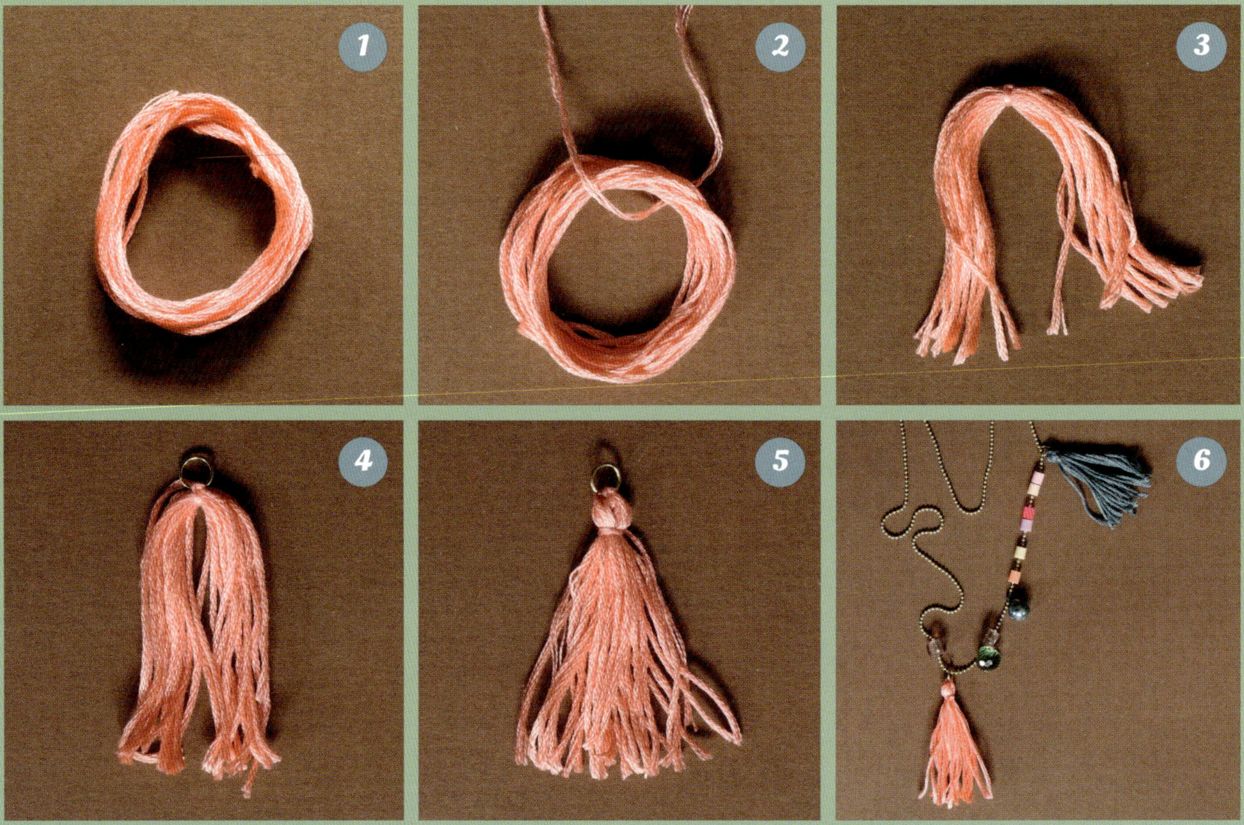

Rosenbrosche

Materialien: Draht, kleine Perlen, Broschennadel und Klebepistole

Fädle eine lange Perlenkette auf. Biege sie zu einem Motiv zurecht.

Hier habe ich eine zweifarbige Rose gebildet. Sie ist aus zwei Ketten mit jeweils unterschiedlichen Farben gebastelt. Biege also die Ketten in die passenden Formen und setze die Rose mit einem Stück Draht zusammen. Klebe die Broschennadel hinten an der Rose fest.

Versuche auch einmal, deine eigenen Ideen aus Perlendraht umzusetzen.

Halskette mit großen Holz- und Plastikperlen

Ich finde große Perlen total schön und man kann ganz einfach und schnell eine hübsche Halskette daraus basteln.

Diese Kette ist aus den am schönsten gefärbten Perlen zusammengestellt, die ich finden konnte. Es sieht toll aus, wenn man durchsichtige mit undurchsichtigen Perlen oder Holzperlen mischt. Diese hier sind auf eine Gummischnur gefädelt, damit man sie leicht um- und ablegen kann.

Hier habe ich eine Kette aus Holzperlen in verschiedenen Größen gemacht. Sie sind auf ein Stück Band gefädelt worden. Du brauchst keine Nadel, wenn du ein Band verwendest, das ein bisschen starrer ist.

Schmuck-schatulle

Materialien: *Holzkiste und Muschelschalen*
Werkzeug: *Klebepistole*

Beklebe den Deckel der Kiste mit deinem Strandgut. Wenn du keine Muschelschalen hast, sehen Perlen, Knöpfe oder bemalte Pasta genauso schön aus.

Kirschenbrosche

Materialien: *grüner Pfeifenreiniger, grüner Filz, Broschennadel und 2 Coca-Cola-Kronkorken*
Werkzeug: *Schere und Klebepistole*

Schneide ein Stück Pfeifenreiniger von 16 cm zurecht. Biege es mittig und klebe es auf die Broschennadel. Schneide aus dem grünen Filz zwei Blätter aus und klebe diese oben an den Pfeifenreiniger. Befestige anschließend die Kronkorken an den unteren Enden des Pfeifenreinigers.

Sicherheitsnadel als Anstecker

Materialien: Perlen, Kugelkette mit Verschluss, Nietstifte und Sicherheitsnadel
Werkzeug: Kneifzange und Schmuckzange

Anhänger:
Setze die Perlen so auf die Nietstifte, dass 4 mm zum Verschließen übrig bleiben. Biege mit der Schmuckzange einen kleinen Ring als Verschluss zurecht.

Kette:
Knipse ein Stück Kugelkette von ca. 15 cm ab. Fädle ein paar Perlen auf die Kette und verschließe sie mit dem dazugehörigen Verschluss.

Befestige ein paar Anhänger sowie eine Kette an der Sicherheitsnadel.

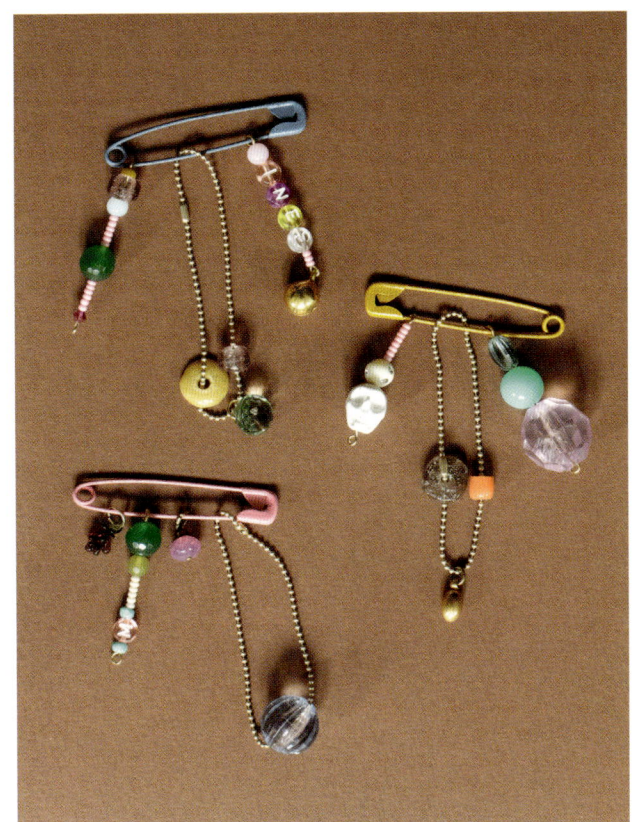

Paillettenarmband

Materialien: Pailletten, Perlen und elastischer Schmuckfaden
Werkzeug: Schere und Nadel

Bastle dir ein Armband aus vielen Pailletten, die du ganz dicht aneinander auffädelst. Du kannst entweder Armbänder komplett aus Pailletten fertigen oder kleine Perlen dazwischensetzen.

Gestalten mit Stift und Schere

Zeichnen kann man wirklich auf alles Mögliche. In diesem Kapitel zeige ich dir verschiedene Materialien, die du ganz einfach für Mal- und Zeichenprojekte verwenden kannst. Außerdem findest du hier ein paar hübsche Ideen rund ums Zeichnen und Falten.

Origami-Katze

Materialien: ein Stück Papier von 15 x 15 cm, je ein kleines Stück weißes, schwarzes sowie gemustertes Papier
Werkzeug: Vorlage (S. 202), Bleistift, Schere und Klebestift

1. Schneide ein Stück Papier von 15 x 15 cm zurecht.
2. Falte das Papier zu einem Dreieck.
3. Falte die zwei oberen Ecken des Dreiecks nach unten.
4. Falte deren Ecken wiederum so nach oben, dass sie wie Katzenohren aussehen.
5. Drehe die Katze um.
6. Schneide gemäß der Vorlage Augen sowie Nase aus und klebe diese auf die Katze.

Kaninchen fürs Zimmer

Materialien: Pappe
Werkzeug: Vorlage (S. 198), Bleistift, Schere und Klebepistole

1. Schneide die Pappe gemäß der Vorlage aus.
2. Schneide die gestrichelte Linie mit der Schere auf. Falte die anderen Linien.
3. Klebe den Kopf zusammen und befestige ihn an den Ohren.
4. Schneide den Rand an der Rückseite ab.
5. Schneide nun noch Ohren und Nase gemäß der Vorlage aus. Klebe sie auf das Kaninchen.

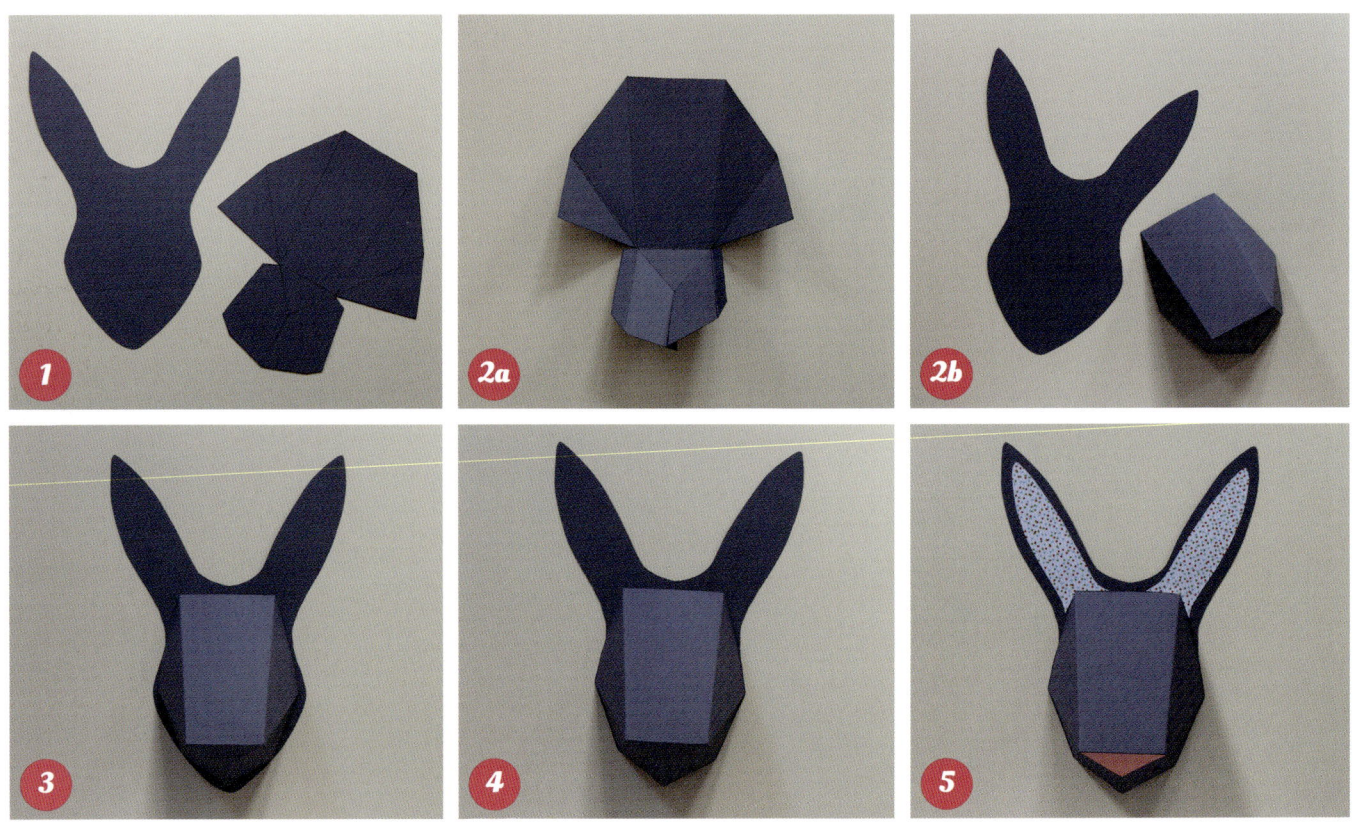

Steine bemalen

Sommer, Sonne, Strand und Steine. Ein guter Strandspaziergang kann schnell mit einer ganzen Tüte voll hübscher Bastelmaterialien enden. Und danach kann man es sich beim Bemalen von Steinen sowohl drinnen als auch draußen gemütlich machen.

Eine Familie namens Stein
Materialien: Steine, Hobbyfarbe und Posca-Stifte
Werkzeug: Pinsel

Wenn du kleine Details auf Steine malen möchtest, verwendest du besser Filzstifte anstatt Farbe und Pinsel. Filzstift trocknet sofort und man kann damit leichter malen. Am besten ist eine Kombination aus Farbe für den Hintergrund und Filzstift für die kleinen Details.

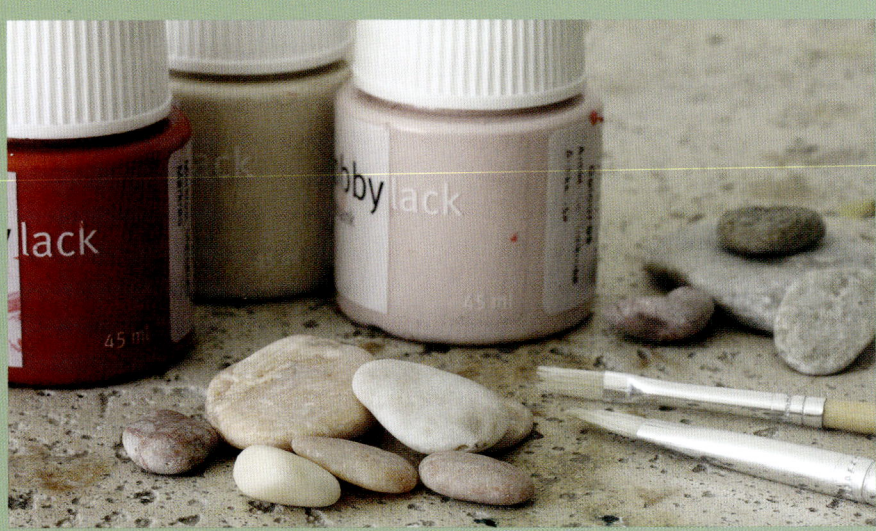

Ein Stranddorf aus Stein

Materialien: Steine und Hobbyfarbe
Werkzeug: Pinsel und Klebepistole

Male Häuser auf große und kleine Steine. Alle Formen können zu einem hübschen Häuschen, einem kleinen Turm oder einem stattlichen Schloss werden. Du kannst auch Steine zu großen Gebäuden zusammenkleben.

Aus den Häusern kannst du dir dann eine richtige Stadt bauen. Bemale auch Steine mit Autos, Menschen oder Tieren, die in dieser Stadt leben können.

Tipp:

1. Beginne damit, die Steine in den Farben zu bemalen, die du möchtest. Danach versiehst du die Figuren mit den Einzelheiten. Am einfachsten geht's mit Filzstiften.
2. Wenn man die Steine bereits am Strand verschönern will, kann man grundsätzlich auch einfach Filzstift verwenden.
3. Molotow- oder Posca-Stifte eignen sich am besten für das Bemalen von Steinen.

Muscheln bemalen

Materialien: *Muschelschalen und Hobbyfarbe*
Werkzeug: *Pinsel*

Bemale die Muschelschalen in hübschen Farben und mit schönen Mustern.

Tipp:
Du kannst aus den Muscheln ein Memory-Spiel basteln. Bemale dafür die Schalen nur im Inneren und jeweils zwei mit demselben Muster.

So funktioniert das Spiel:
Lege die Muschelschalen mit dem Muster nach unten auf eine Tischplatte. Die Spieler drehen abwechselnd immer zwei Schalen um. Wenn ein Spieler zwei gleiche aufdeckt, darf er die Muscheln behalten. Wenn es sich um verschiedene handelt, muss er sie wieder umdrehen und es geht mit dem nächsten Spieler weiter. Derjenige, der am Ende die meisten Muschelschalen besitzt, hat gewonnen.

Pastaspaß

Pastakette

Mit dieser schönen Kette kannst du dein Zimmer schmücken, wenn Freundinnen zu Besuch kommen, oder den Garten für ein Sommerfest dekorieren.

Materialien: *Farfalle-Nudeln, Schnur und Hobbyfarben*
Werkzeug: *Pinsel und Klebepistole*

Bemale die Nudeln in verschiedenen Farben und klebe sie mithilfe der Klebepistole an einer Schnur fest.

Pastabroschen
Materialien: *Farfalle-Nudeln, Broschennadel und Hobbyfarbe*
Werkzeug: *Pinsel und Klebepistole*

Bemale die Nudeln in verschiedenen Farben und mit unterschiedlichen Mustern. Klebe sie an die Broschennadel.

Halskette aus Pastaperlen

Materialien: *Pasta mit Loch, Gummiband und Hobbyfarbe*
Werkzeug: *Schere und Pinsel*

Bemale die Pasta in verschiedenen Farben und mit unterschiedlichen Mustern. Schneide ein Stück Gummiband von ca. 60 cm zurecht. Fädle die Pasta wie Perlen auf die Schnur.

Bastle deine eigene Eisdiele

Materialien: etwas dickere Pappe, Pappkarton, Eisstiele, Bleistift und Hobbyfarbe
Werkzeug: Pinsel, Teppichmesser und Schere.

Hole dir Hilfe von einem Erwachsenen, wenn du das Teppichmesser benutzen willst.

Eis:
Zeichne Eisformen auf die Pappe. Du kannst entweder Eis am Stiel oder auch Eiskugeln in der Waffeltüte malen. Schneide das Eis aus und bemale es in schönen Farben. Schlitze unten die Pappe auf und stecke einen Eisstiel hinein.

Eisschrank:
Bemale den Karton weiß und schneide Schlitze in seine Oberseite. Darin kannst du das Eis feststecken.

Schnürsenkel

Mit diesen Pappschuhen ist es ganz einfach, das Binden von Schleifen und Knoten zu üben.

Materialien: Pappe, 1 m Schnürsenkel und schwarzer Stift
Werkzeug: Schere und Ahle

Stelle ein Paar Schuhe auf die Pappe und ziehe die Umrisse nach. Zeichne außerdem ein paar Details auf die Pappschuhe. Bohre mit der Ahle acht Löcher in jeden Pappschuh. Schneide den Schnürsenkel in zwei Stücke à 50 cm. Ziehe die Schnürsenkel durch die Löcher.

Tipp: Hole dir bei der Ahle Hilfe von einem Erwachsenen.

Scrapbook mit Ferien- und Urlaubserinnerungen

Bastle dir ein kleines Buch mit allen möglichen schönen und netten Erinnerungen aus deinen Ferien.

Dieses Buch ist aus verschiedenfarbiger Pappe und wurde mit einer Buchschraube zusammengefasst.

Du kannst Bilder, Eintrittskarten, Zeichnungen, Tagebucheinträge, Fundstücke aus der Natur wie z. B. Muschelschalen, Steine oder Zapfen und vieles andere einkleben.

Klebe all das auf die Pappseiten und schreibe kleine Geschichten oder Gedanken dazu, die du mit diesen Dingen verbindest. Knipse ein Loch in eine Ecke der Pappseiten und fasse das kleine Buch mit einer Buchschraube zusammen.

SO GEHT'S!
Obst zeichnen

KIRSCHEN
1. Zeichne zwei Kreise mit jeweils einem kleinen, gebogenen Strich (wie bei einem Smiley).
2. Zeichne zwei Kirschstiele, die beide Kirschen verbinden.
3. Zeichne ein Blatt an den Stiel. Zeichne Streifen auf das Blatt.

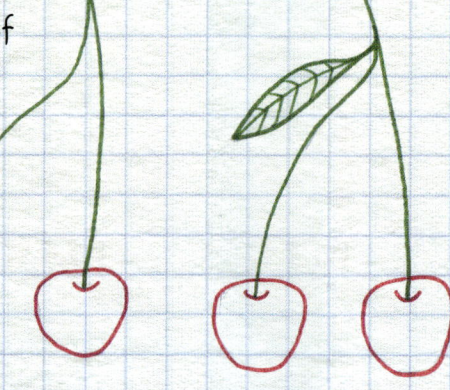

BANANE
1. Zeichne eine ovale, gebogene Form. Lasse das Ganze in einer offenen Spitze enden.
2. Zeichne einen kleinen Kreis in die Spitze. Zeichne ein kleines Viereck auf das andere Ende der Banane.
3. Zeichne nun im Inneren der Banane noch zwei Striche entlang des Randes.

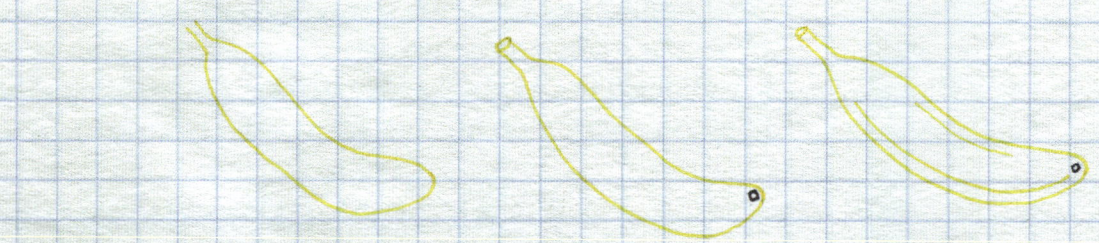

ERDBEERE
1. Zeichne die Form einer Erdbeere.
2. Zeichne einen Stern mit sechs Zacken. Die Zacken dürfen gerne eine ungleiche Form und Größe haben.
3. Zeichne winzige Bogen auf die Erdbeere.

APFEL

1. Zeichne einen apfelförmigen Kreis. Zeichne einen kleinen, gebogenen Strich (wie bei einem Smiley) oben in den Apfel.
2. Ziehe von diesem kleinen gebogenen Strich ausgehend einen Stiel mit zwei Strichen nach oben. Als Abschluss des Stiels zeichnest du in die beiden Striche einen kleinen Ring.
3. Male ein Blatt an den Stiel und ziehe abschließend noch einen Strich durch das Blatt.

WEINTRAUBEN

1. Zeichne drei kleine Kreise, einen unten und zwei darüber.
2. Zeichne darüber eine Reihe mit drei Kreisen und darüber wiederum eine Reihe mit vier Kreisen.
3. Ganz oben auf der Weintraubendolde zeichnest du dann wieder eine Reihe mit nur drei Kreisen.
4. Zeichne von der Dolde mit zwei Strichen einen Stängel nach oben. Zeichne zwischen die beiden Striche am Ende einen kleinen Ring.
5. Zeichne zwei kleine Blätter, die vom Stängel ausgehen.

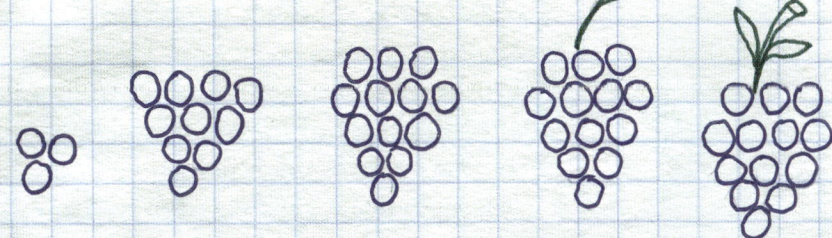

ORANGE

1. Zeichne zwei Kreise.
2. Versieh eine der Orangen mit einem kleinen Kreuzchen. An die andere zeichnest du einen Halbkreis.
3. Teile die zweite Orange in sechs Teile auf. Male die Striche mit einer hellen Farbe.
4. Zeichne sechs Dreiecke zwischen die hellen Striche.

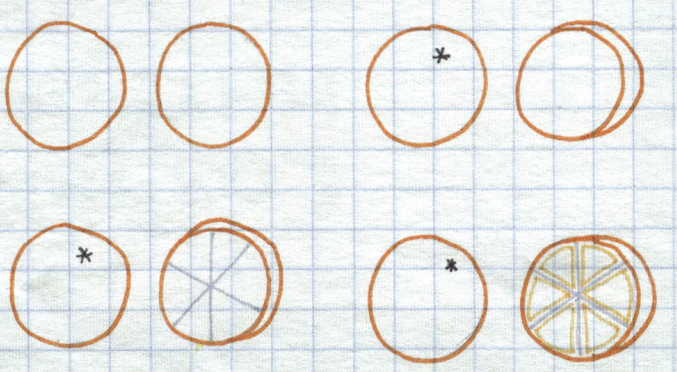

Faltboote

Materialien: 1 Seite einer Zeitschrift, 1 Zahnstocher und 1 kleines Stück Klebeband
Werkzeug: Schere und Klebepistole

Falte ein Boot aus der Zeitschriftenseite (s. Anleitung). Wickle ein kleines Stück Klebeband um den Zahnstocher und schneide es zu einer kleinen Flagge zurecht. Klebe die Flagge im Boot fest.

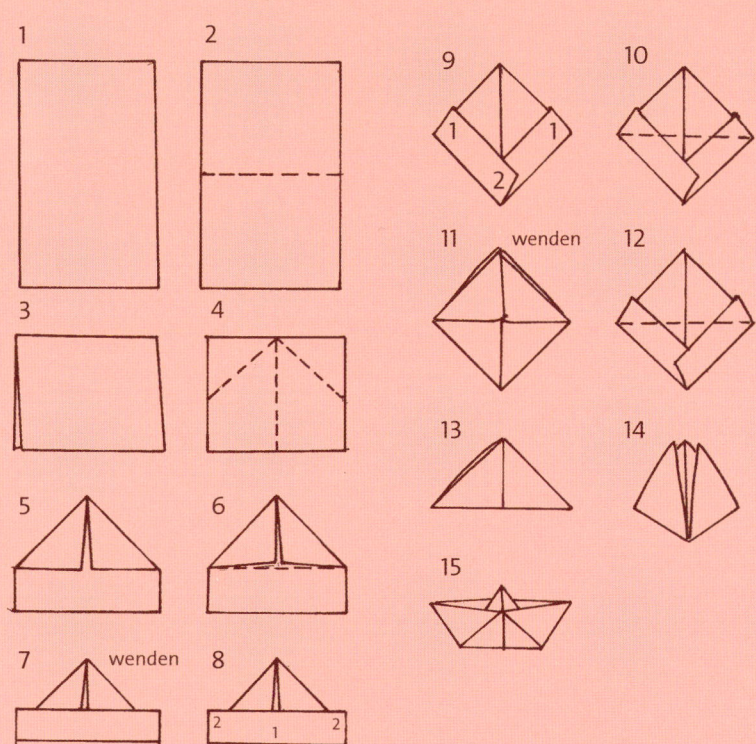

Handarbeiten

Wenn man erst einmal damit angefangen hat, kann man es einfach nicht mehr bleiben lassen – egal ob Nähen, Stricken, Sticken oder etwas anderes.
Glücklicherweise werden viele von der Handarbeitslust gepackt. Und wenn man Dinge fürs Leben lernt, ist eben das Gute daran, dass man es wie das Radfahren nie wieder vergisst.
Beginne mit ein paar einfacheren Projekten und lasse den Schwierigkeitsgrad mit deinen Fähigkeiten wachsen.
Es ist ein wirklich tolles Gefühl, wenn man später mit der Umsetzung eigener Ideen und Designs beginnen kann.
Zeichne z. B. deine eigene Stickarbeit, entwirf eine Handytasche oder stelle hübsche Farben für ein Strickteil zusammen.

SO GEHT'S!
Stricken

Wie schlage ich Maschen an?

1. Lege das Garn über eine Stricknadel.
2. Greife mit Daumen und Zeigefinger in die Schlinge und halte das Garn mit dem Rest der Finger deiner Linken Hand fest.
3. Halte mit der rechten Hand den Faden auf der Stricknadel fest und führe die Nadel unter das Garn vor dem Daumen.
4. Danach über das Garn am Zeigefinger (von vorn nach hinten). Jetzt holst du diesen Faden durch die Schlaufe am Daumen und ziehst zu. Nun hast du die beiden ersten Maschen.

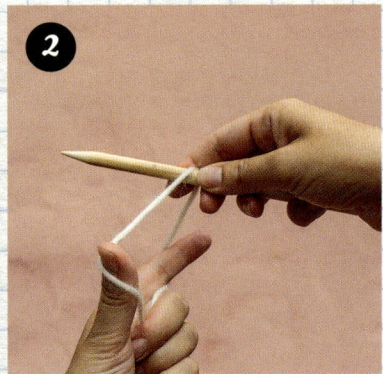

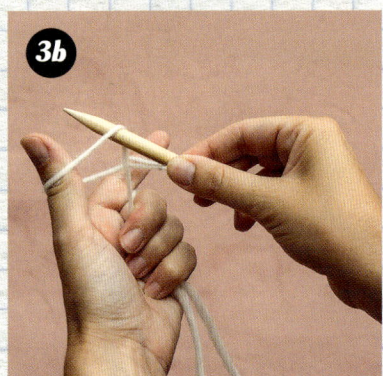

Wie funktioniert Rechts-
stricken?
1. Halte die Nadel mit
   den Maschen in der
   linken Hand. Das Garn
   hältst du mit dem
   Zeigefinger oben.
2. Stecke die rechte
   Nadel in die erste
   Masche.
3. Danach greifst du mit
   der Nadel nach oben,
   nimmst das Garn vom
   Zeigefinger auf und
   ziehst es durch die
   Masche.
4. Jetzt hast du die erste
   rechte Masche auf der
   rechten Nadel.

Du schließt die Maschen
ab (das sogenannte
»Abketten«), indem du
zwei Maschen strickst und
dann die erste Masche mit
der linken Nadel über
die zweite ziehst. Stricke
eine neue Masche und
ziehe die übrig gebliebene
Masche über die neue.
Mache so weiter, bis du
nur noch eine Masche auf
der Nadel hast. Schneide
das Garn ab und ziehe es
durch die letzte Masche.

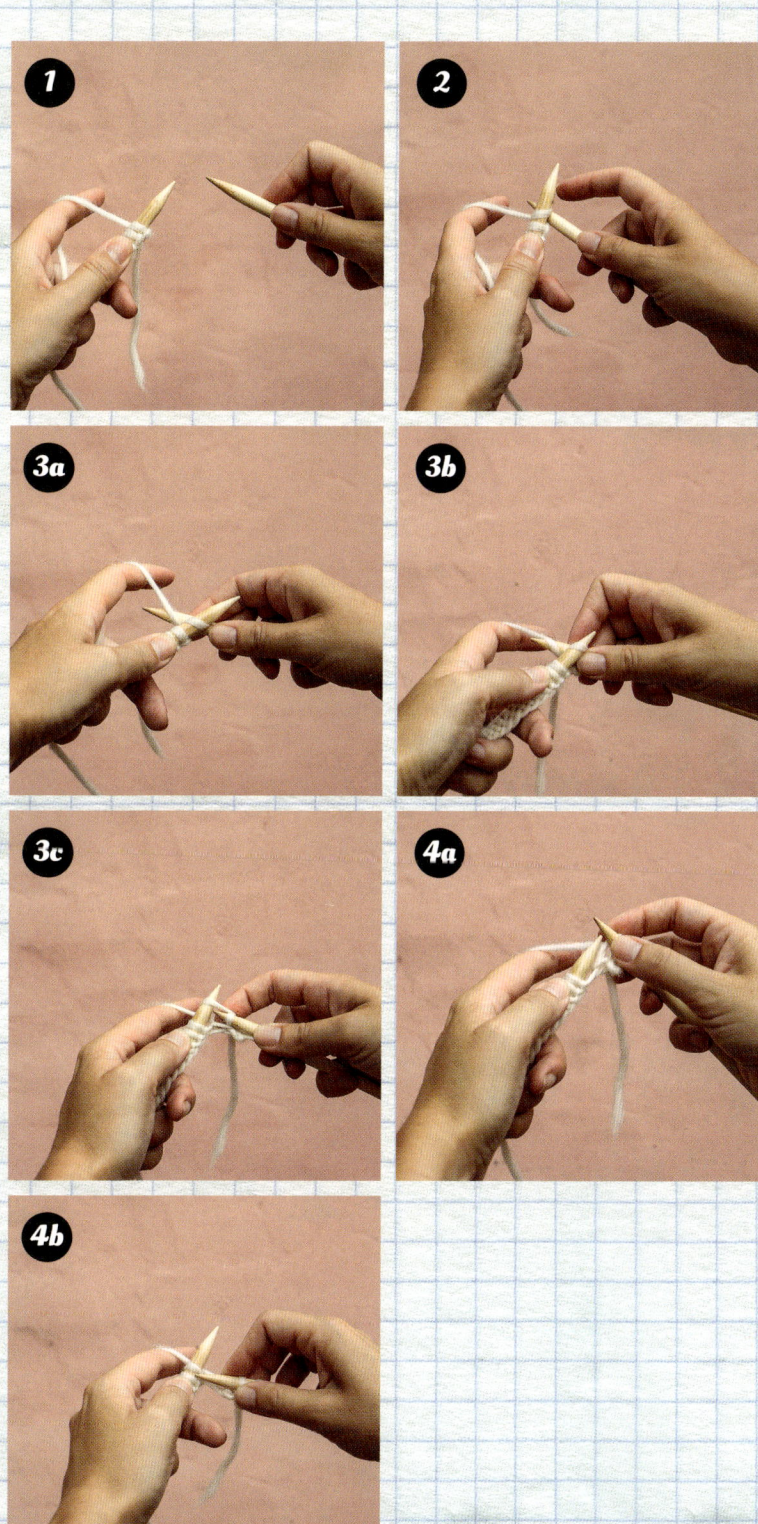

Gestrickte Tiere

Materialien: *Garnreste, 2 Knöpfe und Stofftierfüllung*
Werkzeug: *Stricknadel, Schere und Nähnadel*

Das Tier habe ich aus Garnresten gestrickt. Wenn du auch Streifen stricken möchtest so wie hier, musst du bei Beginn einer neuen Reihe eine neue Farbe nehmen. Beginne immer auf der gleichen Seite des Gestrickten eine neue Farbe.

Körper:
Schlage zuerst 10 Maschen an. Stricke 44 Reihen.
Schlage dann zusätzlich 10 Maschen an jeder Seite des gestrickten Stückes an. Stricke 70 Reihen und kette ab.

Beine:
Schlage 10 Maschen an. Stricke 40 Reihen und kette ab. Fertige so 4 Vierecke für die Beine des Tieres.

Kopf:
Schlage 16 Maschen an. Stricke 20 Reihen. Schlage 8 Maschen an jeder Seite des gestrickten Stückes an. Stricke 22 Reihen und kette ab.

Zusammennähen:
Nähe die Beine am Rand mit einem Stück Garn zusammen. Nähe auch den Schwanz und den Körper zusammen. Lasse dabei eine Seite offen und stopfe alle Teile mit Stofftierfüllung aus. Nähe die Beine an den Körper. Nun nähst du auch den Kopf zusammen und stopfst ihn mit Stofftierfüllung aus. Nähe den Kopf an den Körper. Befestige zwei Knöpfe als Augen am Kopf. Ziehe mithilfe einer Nadel ein paar Fäden als Haare hindurch und mache einen Knoten.

SO GEHT'S!
Sticken

Wie sticke ich einen Kreuzstich?

Nähe eine Reihe von parallelen, diagonalen Stichen. Nähe die ganze Reihe wieder zurück und setze dabei die Nadel so in die Löcher der vorhergehenden Stiche, dass sich ein Kreuz bildet.

Wie sticke ich einen Schlingstich?

Den Schlingstich verwendest du meistens, um Stoffränder zu versäubern, aber du kannst ihn auch zum Zusammennähen von zwei Stücken Stoff benutzen.

Setze die Stiche wie auf der Zeichnung angegeben entlang des Stoffrandes. Achte darauf, dass der Faden sich entlang des Stoffrandes anschmiegt, wenn du festziehst.

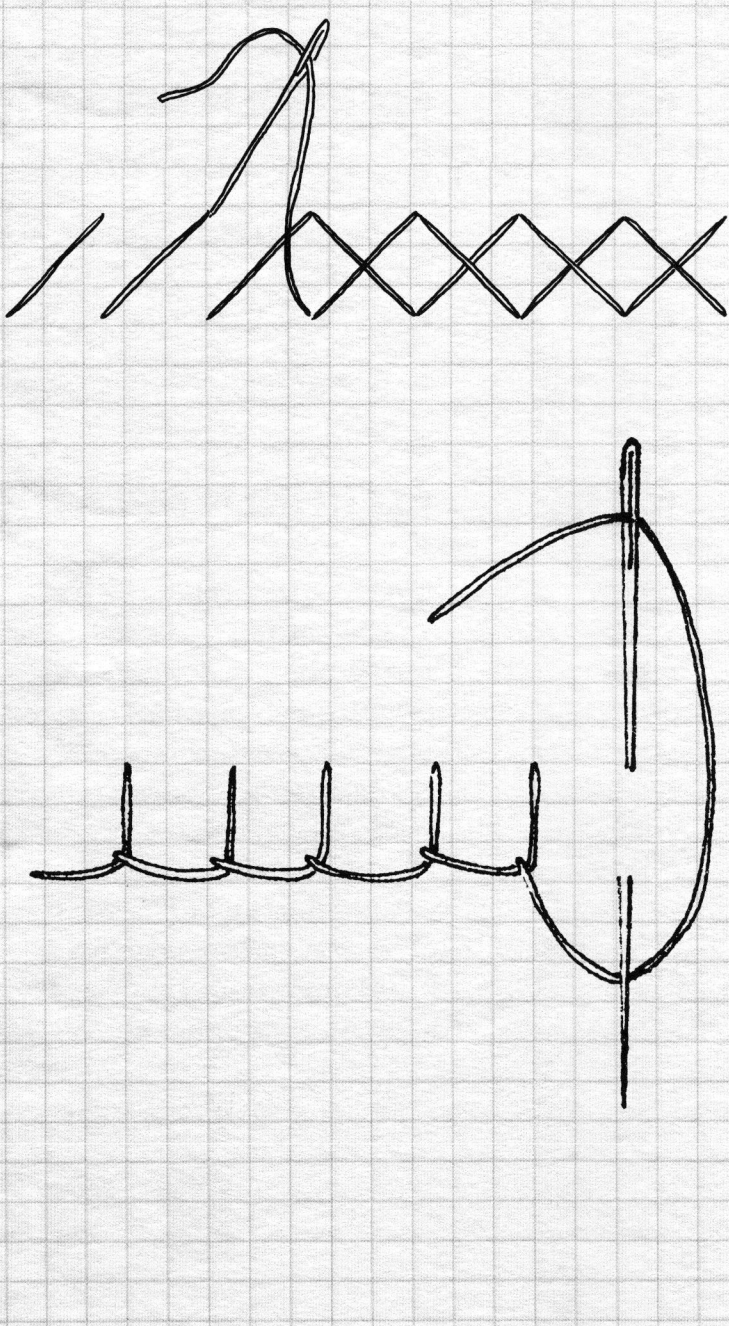

Stickereien

Materialien: kariertes Papier, Farbstifte, Stickgarn und Stick-/Gitterstoff
Werkzeug: Schere und Nadel

Zeichne dein Motiv auf kariertes Papier. Lasse dabei jedes Kästchen ein Kreuzstich sein. Wenn du das Motiv aufgezeichnet hast, kannst du damit beginnen, es auf die Stickerei zu übertragen. Zähle die Kästchen der Zeichnung und nähe entsprechend viele Stiche auf den Stoff.

In diesem Fall sind die Stickereien auf einem bestimmten Stoff (Gitterstoff) angefertigt, auf dem es ganz einfach geht. Wenn du ein bisschen geübter bist, kannst du fast jeden Stoff besticken. Mit Stoffen, die ein grobes Gewebe haben, kann man aber immer leichter arbeiten.

Die Stickereien können wie kleine Bilder in einen Rahmen gesetzt oder auf Karton geklebt als Karten verwendet werden.

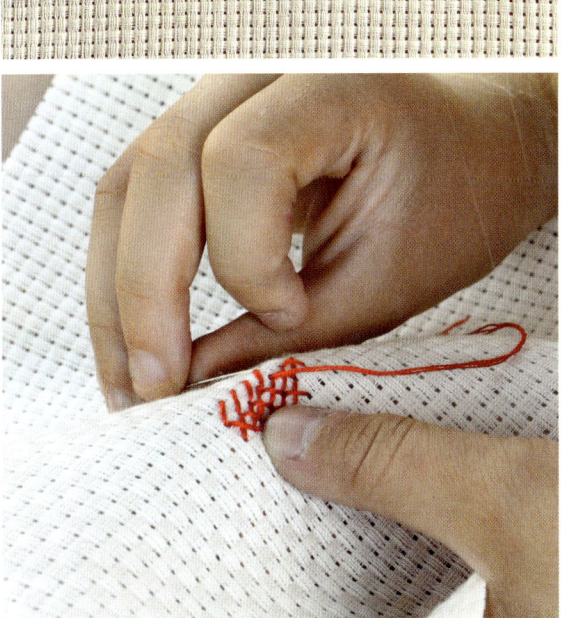

Mini-Webrahmen

Materialien: dicke Pappe und Stickgarn
Werkzeug: Teppichmesser, Bleistift, Schere und Nadel

1. Schneide ein Stück Pappe von 7 x 10 cm zurecht. Mache an die beiden kurzen Enden im Abstand von 0,5 cm kleine Schlitze.
2. Befestige das Stickgarn wie auf dem Bild angegeben in den Schlitzen.
3. Webe Streifen in verschiedenen Farben, indem du die Nadel durch das gespannte Garn auf- und abführst.

Nähprojekte

Mit Filz nähen

Wenn man das Nähen lernen will, beginnt man am besten mit einfachen Materialien. Diese beiden Näharbeiten sind aus Filz mit Löchern gefertigt und deshalb nicht ganz so schwierig.

Filzgeldbeutel

Materialien: Filz, Nähgarn, Garn und Knopf
Werkzeug: Vorlage (S. 200), Bleistift, Schere, Lochzange und Nadel

Schneide den Geldbeutel gemäß der Vorlage aus. Bügle den Filz dort, wo der Geldbeutel gefaltet werden soll, und stanze, so wie auf dem Bild angegeben, Löcher in die Ränder. Schneide ein kleines Knopfloch aus. Beachte dabei auf der Vorlage die Markierung für den Knopf. Vernähe den Rand der Klappe mit einem Schlingstich (s. S. 136). Nähe den Knopf vorne am Beutel fest. Nähe zum Schluss die Seiten des Geldbeutels mit Garn durch die Löcher hindurch zusammen.

Katze aus Filz

Materialien: *Filz, Stickgarn, Garn und Stofftierfüllung*
Werkzeug: *Vorlage (S. 201), Bleistift, Schere, Lochzange und Nadel*

Schneide die Katze gemäß der Vorlage zweimal aus dem Filz. Knipse mit einer Lochzange Löcher in den Rand der Katze.

Klebe oder nähe die Augen und die Schnauze der Katze fest. Bei der Katze auf der Abbildung wurden die Teile mit einem Schlingstich (s. S. 136) angenäht. Nähe zudem ein paar Stiche für den Katzenmund. Beachte dabei auf der Schablone die Markierungen. Nähe die Katze mit Garn durch die Löcher hindurch zusammen. Stopfe sie dabei mit Stofftierfüllung aus.

Anziehpuppe aus Filz

Materialien: *Filz und Stickgarn*
Werkzeug: *Vorlage (S. 197), Bleistift, Schere und Nadel*

Puppe und Kleidung:
Übertrage die Vorlagen auf Filz und schneide alle Teile aus. Nähe sie mit dem Schlingstich zusammen. Auch ein paar der Ränder kannst du so verzieren. Auf S. 136 findest du eine Anleitung.

Nähe mit Stickgarn Haare an die Puppe. Ziehe dazu ein Stück Garn mit einem Stich durch den Kopf und binde einen Knoten ins Garn, damit es festsitzt.

Die Gesichter der Puppe und des Teddybärchens sind hier angenäht, aber du kannst sie auch mit Textilstift aufmalen.

Tipp:

Wenn es noch einfacher gehen soll, kannst du ein paar Teile auch mit Textilklebstoff zusammensetzen, anstatt sie zu vernähen. Die Klebstoffränder müssen schmal sein, damit die Kleidung noch passt.

Bett und Schrank im Puppenbuch:
Schneide ein Stück Filz von 48 x 32 cm
für das Buch der Puppe zurecht.
Vernähe den Rand des Filzes mit
Schlingstichen. Bügle das Ganze mittig,
sodass man es falten kann.

Schrank:
Schneide ein Viereck von 18 x 24 cm
zurecht. Runde an einem kurzen Ende
des Vierecks zwei Ecken ab. Schneide
das Viereck in zwei Schranktüren
mit den Maßen 9 x 24 cm. Nähe die
Schranktüren in das Puppenbuch.
Versäubere die offenen Seiten
der Schranktüren auch mit einem
Schlingstich.

Schneide zwei kleine, runde Türgriffe
aus und nähe sie am Schrank fest.
Schneide zwei Schrankbeine aus und
nähe sie unter den Schranktüren fest.

Bett:
Schneide zwei Vierecke von 13 x 9 cm
sowie 18 x 22 cm aus. Runde an beiden
Vierecken zwei Ecken ab, sodass sie
aussehen wie Bettzeug. Du kannst
auch ein kleines Sternchen auf Decke
und Kissen sticken, wenn du möchtest.
Lege zuerst das kleine Viereck als
Kissen ins Puppenbuch und nähe es
an drei Seiten mit Schlingstichen fest.
Nähe danach das größere Viereck als
Decke darauf.

Dein Nähzeug in der Eierschachtel

Halte deine Nähsachen immer schön in Ordnung. In dieser Eierschachtel kann man viele kleine Dinge zum Nähen verstauen.

Materialien: Eierschachtel, Polsterwatte, Stoffrest, Nähgarn und Klebepistole
Werkzeug: Schere und Nähmaschine

Schneide zwei Vierecke aus Stoff aus, die in den Deckel der Eierschachtel passen. Lege sie rechts auf rechts und nähe sie an drei Seiten zusammen. Wende das Kissen und lege ein Stück Polsterwatte hinein. Nähe nun auch die letzte Seite zu und klebe das Kissen in den Deckel der Eierschachtel.

Seifengießen

Es ist einfach und macht Spaß, Seifen zu gießen. Diese Seifen kannst du nämlich in vielen schönen Farben und Formen machen. Außerdem eignen sie sich super als Geschenk für deine Freundinnen.

Hübsche Seifenformen

Materialien: Seifenmasse, Seifenduft, Seifenfarbe und Silikonformen

Schneide die Seifenmasse in Würfel und lasse sie im Wasserbad schmelzen. Rühre nicht um, damit keine Luftblasen hineingeraten. Nimm die geschmolzene Seife aus dem Wasserbad und rühre vorsichtig ein paar Tropfen Farbe sowie Duft hinein. Gieße die Masse in die Formen und lasse sie ein paar Stunden abkühlen.

Du kannst die Seifen auch mit Glitzer verschönern.

Federn und Muscheln

Goldfedern
Materialien: Feder, Goldglitzer und Klebstoff
Werkzeug: Pinsel

Bestreiche die Federspitzen mit etwas Klebstoff und tauche sie in den Goldglitzer. Die Federn können dein Zimmer dekorieren oder du kannst sie mit einem Band ins Haar binden.

Strandsäckchen aus Tüll
Es ist ziemlich praktisch, Strandgut mit nach Hause nehmen zu können, ohne dass man den ganzen Sand mitschleppt. Nähe dir ein kleines Strandsäckchen aus Tüll, damit der Sand herausgerieselt ist, bevor du zu Hause ankommst.

Materialien: Tüll, Nähgarn und Schnur
Werkzeug: Schere und Nähmaschine oder Nähnadel

Schneide ein längliches Viereck aus Tüll zurecht. Es sollte ca. 60 x 20 cm messen. Falte es mittig, sodass es 30 x 20 cm misst. Nähe die Seiten zusammen. Schneide Schnüre von ca. 70 cm in verschiedenen Farben zurecht. Flicht sie zu einem Band, mit dem man das Säckchen verschließen kann. Wie das Flechten funktioniert, erfährst du auf S. 100.

Wenn du richtig viele Steine sammeln willst, solltest du den Tüll doppelt nehmen, damit das Säckchen die schweren Steine auch aushält.

Muschelfiguren

Materialien: Muschelschalen, Schneckenhäuschen und kleine Perlen für die Augen
Werkzeug: Klebepistole

Klebe dein Strandgut zu kleinen, hübschen Figuren zusammen. Du kannst eine ganze Familie und sogar ein Haus für sie basteln, wenn du viele Muscheln gefunden hast.

Minischatz

Materialien: 2 gleich große Muschelschalen und Perlen
Werkzeug: Klebepistole

Klebe die Perlen in eine der Muschelschalen. Die andere Schale klebst du nun über den Perlen fest.

Muscheldiadem

Wenn man gerne eine Strandprinzessin werden möchte ...

Materialien: Muschelschalen und Band
Werkzeug: Klebepistole

Suche dir ein stabiles Band aus, welches das Gewicht der Muschel tragen kann. Klebe die Schalen am Band fest. Es sieht übrigens auch toll aus, wenn du Muschelschalen mit Perlen oder Pailletten kombinierst.

Spaß mit Bügelperlen

Materialien: *Bügelperlen, Stiftplatte, kariertes Papier, Farbstifte und Backpapier*
Werkzeug: *Bügeleisen*

Es ist gar nicht schwierig, eigene Motive aus Perlen zu basteln. Zeichne deine Ideen mit Farbstiften auf kariertes Papier, bevor du mit den Perlen anfängst.

Stecke dein Motiv nun auf die Stiftplatte. Lege Backpapier darüber und bügle die Perlen, bis sie oben miteinander verschmolzen sind.

SO GEHT'S!
Pompons machen

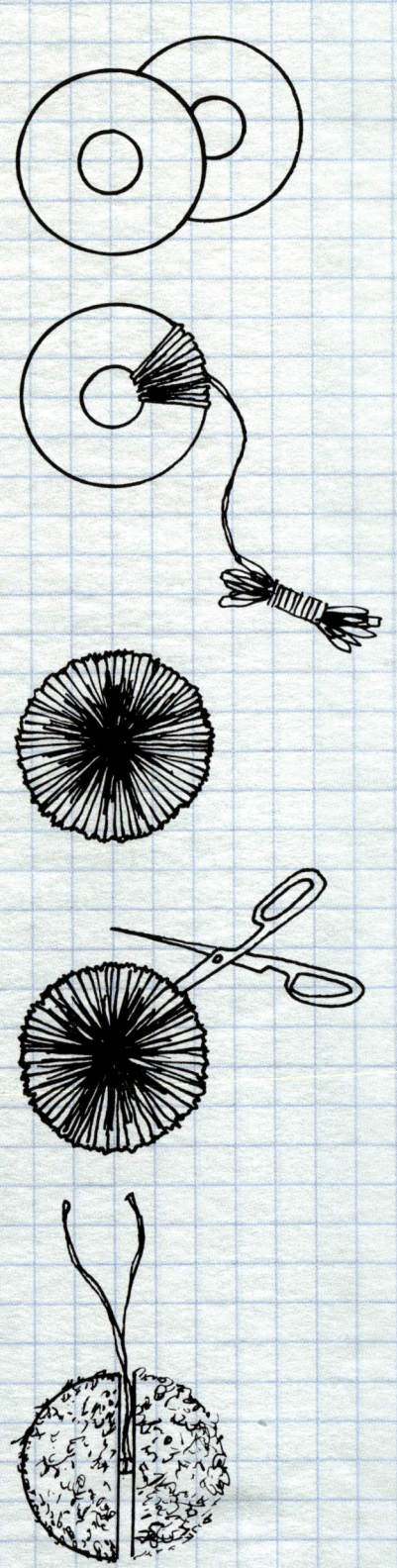

Materialien: dicke Pappe und Wolle
Werkzeug: Teppichmesser und Schere

1. Schneide zwei Ringe aus Pappe aus. Verwende z.B. ein Glas und einen Eierbecher als Vorlage und zeichne deren Umrisse nach.
2. Wickle Wolle um beide Pappringe.
3. Wenn das Loch in der Mitte geschlossen ist, bist du fertig mit dem Wickeln.
4. Schneide die Wolle nun vorsichtig am Rand entlang auf, ziehe die Pappe etwas auseinander und wickle ein Stück Garn um den Pompon.
5. Verknote das Garn und nimm die Pappe weg. Der Pompon lässt sich nun mit den Fingern in Form bringen. Du kannst ihn über Wasserdampf halten, damit er gleichmäßiger wird.

Pompons

Pompons kannst du an deiner Tasche befestigen, an Haarspangen oder an den Gürtel hängen.

Segelausflug in der Nuss-Schale

Materialien: *Walnüsse, Zahnstocher, gemustertes Klebeband und Perlen*
Werkzeug: *Schere und Klebepistole*

Knacke die Nüsse vorsichtig so, dass nur eine Hälfte der Schale splittert. Verwende den ganzen Teil als Boot. Klebe den Zahnstocher in der Nuss fest. Wickle ein kleines Stück Klebeband oben um den Zahnstocher und schneide es wie ein Segel zurecht. Klebe über diesem Segel eine kleine Perle fest.

Pralinen aus Filz

Materialien: leere Pralinenschachtel, ein kleines Stück Pappe, Pralinenförmchen, Filzreste in verschiedenen Farben und Kuchenstreusel
Werkzeug: Bleistift, Schere, Klebepistole und Lochzange

Zeichne den Boden der Pralinenförmchen auf einem Stück Pappe nach. Schneide das Ganze aus und verwende es als Schablone für die Pralinen. Schneide gemäß dieser Schablone sieben Filzkreise in zwei verschiedenen Farben aus. Klebe sie abwechselnd aufeinander. Versieh den Rand der Filzpralinen mit einem Streifen Klebstoff und tauche ihn in Kuchenstreusel. Setze dann einen Klecks Klebstoff in die Mitte der Praline und streue Zuckerkugeln oder Filzkugeln darauf. Die Filzkügelchen kannst du mit der Lochzange ausstanzen. Setze die Pralinen in die Förmchen und fülle damit die Pralinenschachtel.

Haare

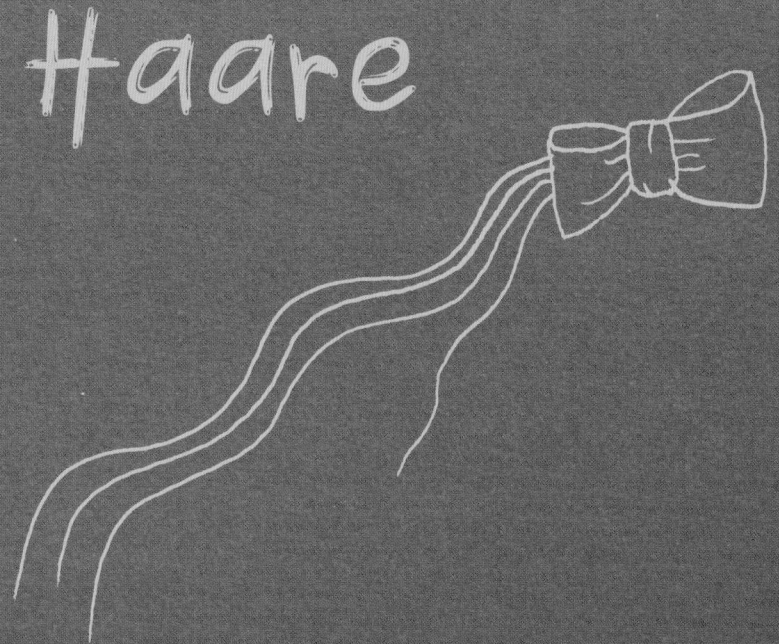

Sowohl bei langen als auch kurzen Haaren kann man Haarschmuck tragen. Hier findest du ein paar hübsche Ideen für Accessoires, die du selbst basteln kannst.

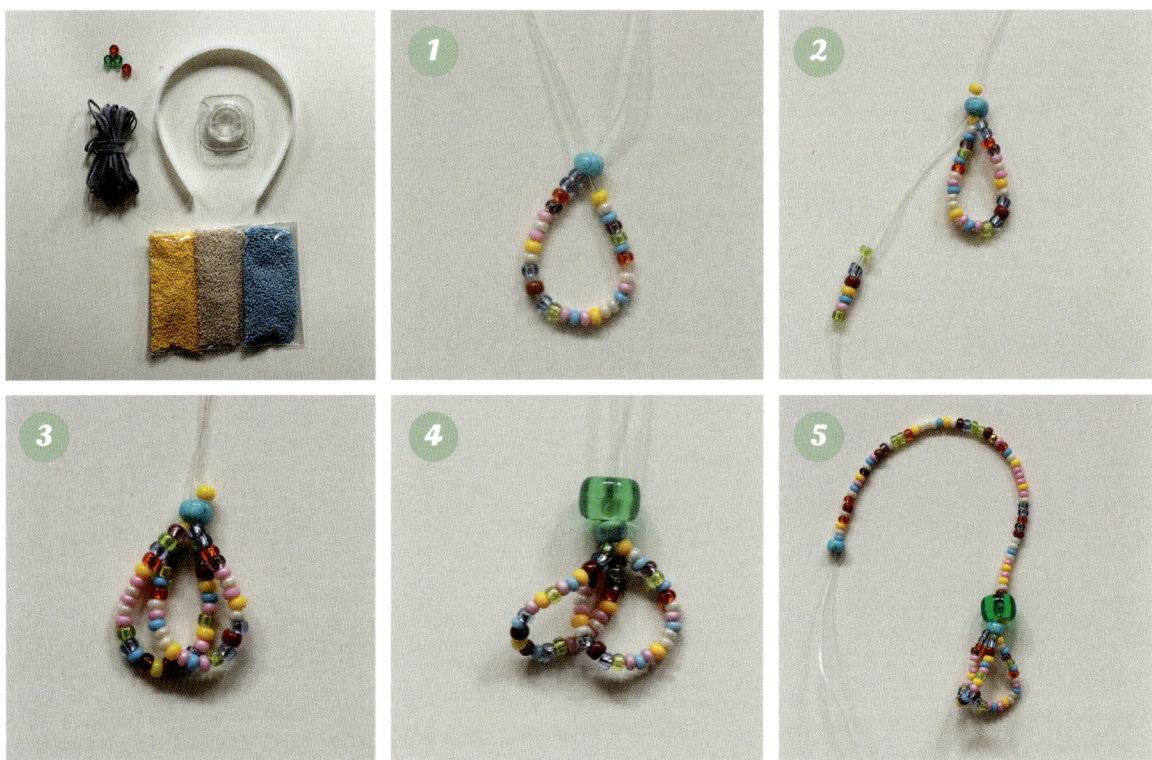

Haarreif

Materialien: *Plastikhaarreif, Kunstlederband, Gummischnur, kleine Perlen und 2 etwas größere Perlen in unterschiedlichen Größen*
Werkzeug: *Klebepistole und Schere*

Haarreif:
Bestreiche den Haarreif mit etwas Klebstoff und wickle das Band herum. Streiche immer nur ein paar Zentimeter Klebstoff auf, da er schnell eintrocknet.

Perlenverzierung:
Schneide ein Stück Gummischnur von ca. 40 cm zurecht.
1. Fädle ca. 30 Perlen auf die Gummischnur. Fasse sie mit einer größeren Perle zu einem Ring zusammen.
2. Fädle eine kleine Perle auf das eine Ende der Schnur (hier eine gelbe Perle). Fädle die Schnur wieder zurück und durch die große Perle hindurch.
3. Fädle erneut ca. 30 Perlen auf die Schnur und führe sie wieder durch die große Perle.
4. Setze die größte Perle auf beide Schnüre.
5. Binde einen Knoten in die eine Schnur und schneide sie ab. Fädle nun wieder ca. 60 Perlen auf die andere Schnur und schließe mit einer größeren Perle ab.
6. Wiederhole Punkt 1. bis 4. Binde einen Knoten in die Schnur und schneide sie ab. Klebe die Perlenschnur als Deko an den Haarreif.

Haargummis

Es ist ganz einfach, eigene Haargummis zu basteln, wenn der Pferdeschwanz einmal besonders hübsch sein soll.

Materialien: Haargummis oder Gummischnur, Perlen, Knöpfe und kleiner Krimskrams
Werkzeug: Schere und Klebepistole

Schneide ein Stück Schnur von 12 cm zurecht. Fädle Perlen und Knöpfe darauf. Binde einen Knoten, um das Haargummi zu verschließen. Wenn du fertig gekaufte Haargummis verwenden möchtest, kannst du mithilfe der Klebepistole kleinen Krimskrams daran festkleben.

Haarspange mit Kirschen

Materialien: 2 Haarspangen, 20 cm grüne Schnur, etwas grüner Filz und 2 große rote Perlen
Werkzeug: Bleistift, Schere und Klebepistole

Fädle die Perlen auf die grüne Schnur und binde Knoten in die Schnurenden. Schneide aus dem Filz zwei kleine Blätter aus. Klebe die Schnur an ihrer Mitte an der Haarspange fest. Anschließend befestigst du die Blätter mithilfe der Klebepistole über den roten Kirschen.

Haarspange mit Propeller

Materialien: 2 Haarspangen und etwas Filz
Werkzeug: Bleistift, Lineal, Schere und Klebepistole

Zeichne zwei Quadrate von 5 cm Kantenlänge auf den Filz und schneide diese aus. Male ein Kreuz in die Vierecke hinein und schneide von jeder Ecke aus ein paar Zentimeter hinein.

Klebe das Viereck an der Spange fest. Klebe jeden zweiten »Zipfel« in der Mitte des Vierecks fest.

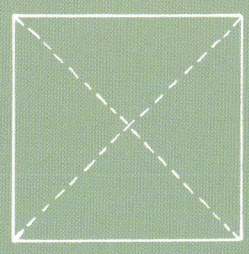
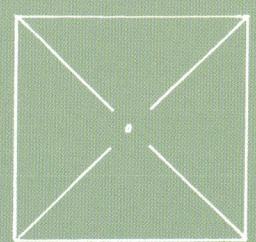

Binde dir eine Schleife ins Haar

Binde dein Haar zu einer richtigen Schleife. Diese Frisur kannst du nachmachen, wenn dein Haar bis über die Schultern reicht.

So wird's gemacht:
1. Kämme dein Haar.
2. Fasse es so im Nacken zusammen, als würdest du einen ganz gewöhnlichen Pferdeschwanz binden.
3.–4. Mache zwei Schlingen ins Haar, eine auf jeder Seite – wie bei einer Schleife.
5.–7. In der Mitte dieser Schleife befestigst du nun ein Haargummi.
8.–9. Nimm das Haarende und wickle es so um das Gummi, dass man es nicht mehr sieht. Das Haar wird am Gummi unter der Schleife festgesteckt.
10. Und schon ist aus deinem Haar eine Schleife geworden.

Klamotten

Es gibt viele Möglichkeiten, seine Klamotten persönlicher zu gestalten.
Hier habe ich ein paar Ideen, wie du ganz normale Kleidungsstücke in deinem eigenen Design verschönern kannst.

Tanktop mit Fransen

Materialien: *Tanktop und Perlen*
Werkzeug: *Schere*

Schneide den Saum des Tops ab. Nun schneidest du ca. 5 cm lange Fransen hinein. Fädle Perlen auf die Fransen und binde einen Knoten unter jede Perle.

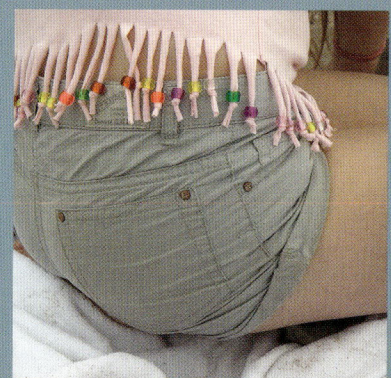

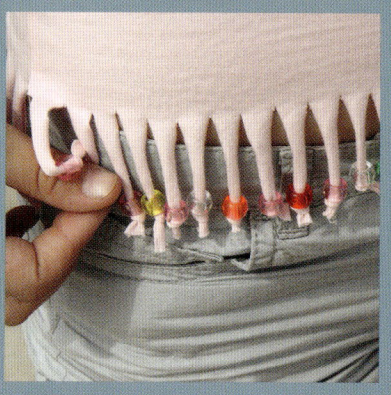

Tanktop mit Glitzersteinchen

Materialien: *Tanktop, Schmucksteine und Nähgarn*
Werkzeug: *Schere und Nadel*

Nähe die Schmucksteine an der Schulter des Tops fest.

Sonnenhut mit Bändchen

Materialien: Strohhut, Band, Schnur und Schneckenhaus mit Loch
Werkzeug: Schere

Schneide zwei Bänder und drei Stück Schnur von 1 m zurecht. Flicht daraus ein Bändchen. Auf S. 100 erfährst du, wie das Flechten funktioniert. Fädle ein paar Schneckenhäuser auf die Schnurenden.

Koffer mit Stoffbezug

Materialien: Koffer, dicke Pappe, Stoff und Polsterwatte
Werkzeug: Bleistift, Schere und Klebepistole

Lege den Koffer auf die Pappe und fahre den Umriss des Deckels nach. Schneide den Pappdeckel aus. Schneide nach diesen Maßen nun ebenso ein Stück Polsterwatte und ein Stück Stoff zurecht. Der Stoff sollte rundherum ca. 1 cm größer sein als die Pappe. Klebe zuerst die Polsterwatte auf die Pappe und danach den Stoff um die Pappe mit der Watte herum. Klebe den Stoffdeckel zum Schluss auf den Koffer.

SO GEHT'S!
Kartoffeldruck

Materialien: Textilfarbe, Bleistift, Kartoffel und ein Stück Stoff
Werkzeug: Pinsel und ein kleines Messer

1. Halbiere die Kartoffel.
2. Zeichne ein Motiv auf die Schnittfläche der Kartoffel und schnitze es wie bei einem Stempel mit einem kleinen Messer aus.
3. Bestreiche das Motiv mit Textilfarbe.
4. Drucke nun das Motiv auf ein Stück Stoff. Gib nach jedem Abdruck neue Farbe auf den Stempel.

Lasse den Stoff trocknen und bügle das Motiv, damit die Farbe beim Waschen besser hält.

T-Shirt mit Blümchen

Für dieses T-Shirt habe ich vier halbe Kartoffeln verwendet. Zwei Kartoffeln mit Kreisen, eine Kartoffel mit einem Blattmotiv und eine Kartoffel mit einem Strich für den Stiel.

Tanktop mit bunten Rauten

Hier habe ich für jede der drei Textilfarben eine Kartoffel verwendet, damit man nicht ständig die Farben abwaschen muss.

Schal mit Sternen

Das Ausschneiden eines Sterns ist etwas schwieriger. Aber du kannst hierfür problemlos einen Plätzchenausstecher in Sternchenform verwenden, den du dann mit dem Messer nachfährst. Drücke den Ausstecher etwas fester in die Kartoffel, damit du den Stern leichter nachschneiden kannst. Die Sterne auf dem Bild wurden mit Glitzer-Textilfarbe gestempelt.

Rock

Materialien: 50 cm Stoff (140–150 cm breit), Nähgarn und Gummiband (2 cm breit)
Werkzeug: Bügeleisen, Maßband, Schere, Stecknadel, Nähmaschine und Sicherheitsnadel

Abmessung und Schnitt:
Bügle den Stoff. Miss von deiner Taille nach unten, wie lang dein Rock werden soll. Du musst 8,5 cm zur gewünschten Länge hinzufügen. Kürze die 50 cm Stoff entsprechend.

Seitennaht:
Nähe den Stoff an der Seite zusammen. Lege dazu den Stoff rechts auf rechts aufeinander. Die Kanten versäuberst du mit einer Zickzacknaht, damit sie nicht ausfransen. Bügle den Saum glatt.

Taille:
Bügle einen doppelten Umschlag in die Taille. Schlage zuerst 1 cm um und danach 2,5 cm. Nähe den Tunnelzug mit einem Loch von 3 cm für das Gummiband. Miss deine Taille ab und schneide das Gummiband entsprechend ab. Es sollte für das Zusammennähen 2 cm länger sein als dein Maß. Führe den Gummi mit einer Sicherheitsnadel durch den Tunnelzug. Nähe das Gummi zusammen und verschließe das Loch des Tunnelzugs.

Absteppen:
Bügle einen doppelten Umschlag in den Saum des Rockes. Schlage ihn erst 1 cm und danach 4 cm um. Vernähe den Saum und bügle ihn.

Schuhe mit Pünktchen

Materialien: *Leinenschuhe, Textilfarbe, Etikett mit Loch, Perlen und Schnur*
Werkzeug: *Pinsel*

Verziere die Schuhe mit Pünktchen, indem du das Etikett mit dem kleinen Loch auf die Schuhe legst und mit einem Pinsel Textilfarbe über das Loch malst.

Schneide ein kleines Stück Schnur von ca. 15 cm zurecht. Ziehe es durch die Schnürsenkel-Löcher des Schuhs und fädle Perlen darauf. Binde je einen Knoten in die Schnurenden, damit die Perlen festsitzen.

Geflochtener Gürtel

Materialien: Schnur oder Kordel in zwei verschiedenen Farben, Perlen und kleine Schneckenhäuschen oder Muschelschalen mit Löchern

Schneide drei Schnüre von 150 cm in unterschiedlichen Farben zurecht. Flicht die Schnüre zu einem dicken Band und mache an beiden Enden einen Knoten. Fädle Perlen auf alle Schnurenden und binde jeweils einen Knoten, um die Perlen zu fixieren.

Schuhe mit Pompons

Materialien: *Bast, Stoffstreifen und ein Paar Ballerinas*
Werkzeug: *Schere und Klebepistole*

Fertige zwei Pompons aus Bast und Stoffstreifen. Wie du Pompons bastelst, erfährst du auf S. 162. Wickle abwechselnd Stoff und Bast um die Pappringe. Schließe aber das Loch in der Mitte nicht vollständig, da der Bast steif ist und sich nicht zu einer Kugel zusammenfassen lässt, wenn er zu fest beziehungsweise dicht ist. Klebe die Pompons an die Schuhe.

Schlüsselanhänger

Materialien: *große Holzperle, kleine Perlen, Draht und eine Kugelkette mit Verschluss*
Werkzeug: *Kneifzange*

Fädle kleine Perlen auf ein Stück Draht. Führe den Draht so durch das Loch der Holzperle, dass die Perlen außen anliegen. Führe den Draht sechsmal hindurch. Drehe die Enden des Drahtes so zusammen, dass die Perlen nicht mehr abrutschen können. Stecke die Enden in das Loch der Holzperle.

Handytäschchen

Materialien: *Stoff (20 x 30 cm), Nähgarn und 2 m Schrägband*
Werkzeug: *Maßband, Schere und Nähmaschine*

1. Miss dein Telefon ab und schneide zwei Stücke Stoff aus, die 2 cm breiter sowie höher sind als die Maße des Telefons. Runde die unteren Ecken ab. Schneide zwei Stücke Schrägband für die obersten Ränder zurecht.
2. Nähe das Schrägband an die Rückseite des Stoffes.
3. Bügle das Schrägband um die Stoffkante herum und nähe es fest.
4. Schneide ein Stück Schrägband von ca. 140 cm zurecht. Miss einfach von deiner Schulter bis hinunter zur Hüfte – je nachdem, wie lang die Tasche sein soll. Nähe das Schrägband zu einem Kreis.
5. Nähe die Seiten des Täschchens zusammen und nähe das Schrägband an.
6. Bügle das Schrägband um die Ränder des Stoffes und nähe es vollständig fest.

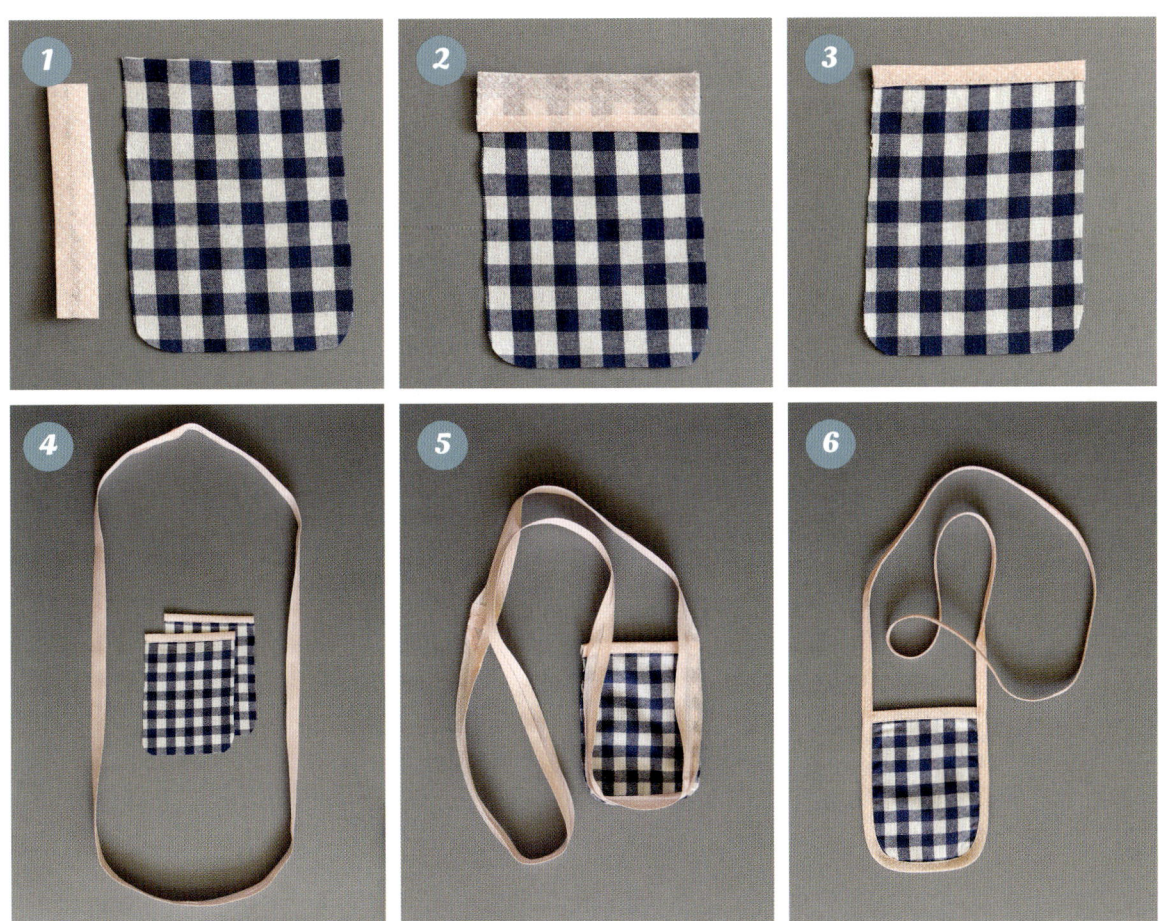

Tasche

Materialien: *40 cm durchsichtiger Plastikstoff (oder Folie, aus der Stoffabteilung), 40 cm Stoff, 3 m Schrägband, Nähgarn und Pailletten*
Werkzeug: *Schere, Maßband und Nähmaschine*

Henkel:
1. Schneide zwei Stoffstreifen von 5 x 40 cm zurecht. Schneide zwei Stücke Schrägband von 40 cm ab.
2. Bügle den Stoff mittig und nähe das Schrägband an die offenen Kanten.
3. Lege das Band um die Kanten und nähe es fest.

Tasche:
1. Schneide zwei Stücke Stoff sowie zwei Stücke Plastik von 25 x 33 cm zurecht.
2. Nähe Plastik und Stoff an der 25 cm langen Seite zusammen. Nähe das Schrägband an die Rückseite des Stoffes.
3. Lege das Schrägband um den Rand und nähe es fest. Schneide evtl. etwas vom Saum ab, wenn du das Band nur schwer um die Kante bekommst.
4. Runde die unteren Ecken der Tasche ab. Lege Pailletten zwischen Stoff und Plastik, bevor du die Ränder zusammennähst. Lege die Stoffseite nach oben, so kannst du den Plastikstoff leichter durch die Nähmaschine führen. Nähe dann beide Teile mit der Stoffseite innen zusammen.
5. Nähe das Schrägband um die Taschenränder.
6. Miss 5 cm von den Taschenrändern nach innen und nähe dort die Henkel fest.

Henkel

Tasche

Vorlagen und Schablonen

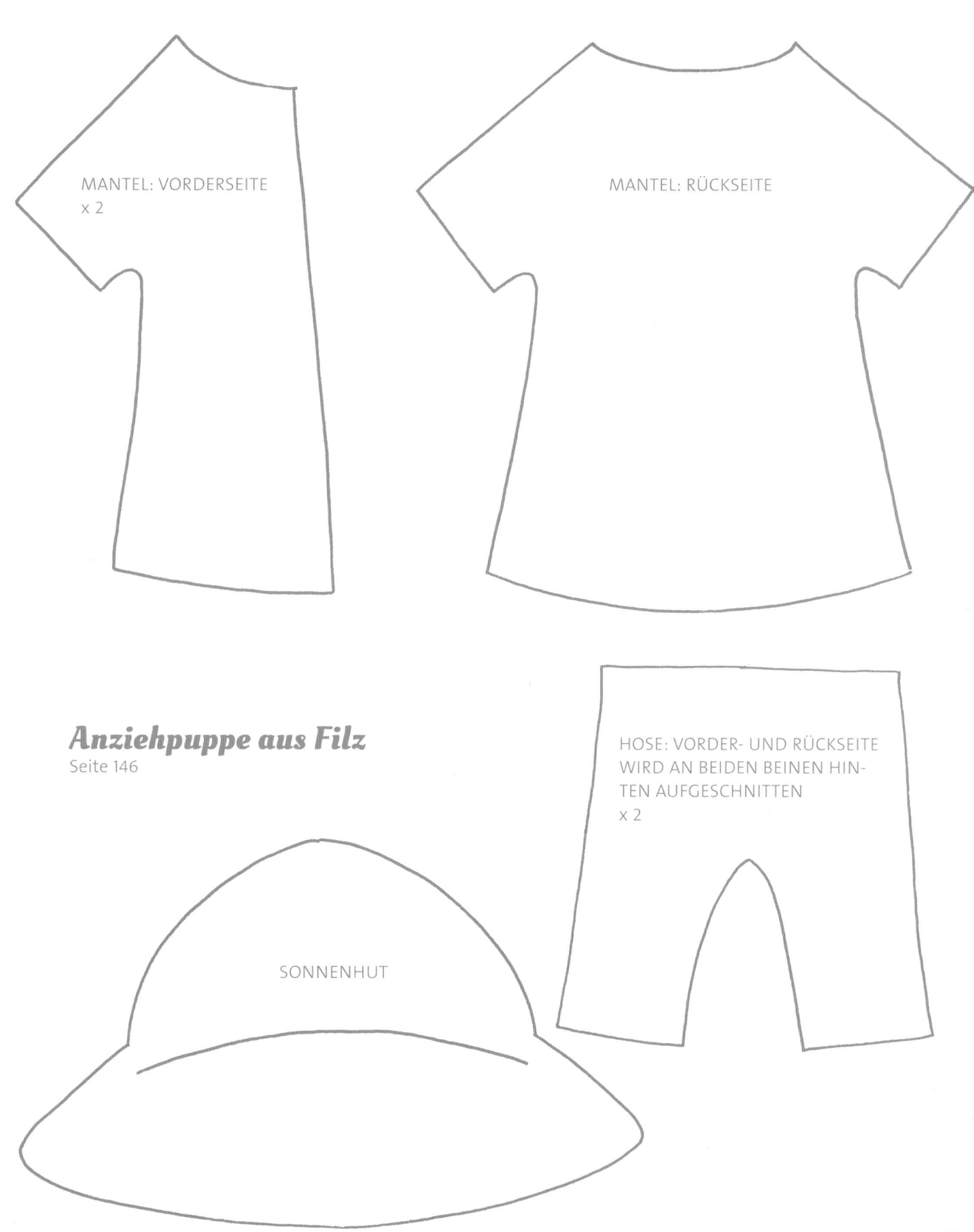

Kaninchen fürs Zimmer
Seite 114

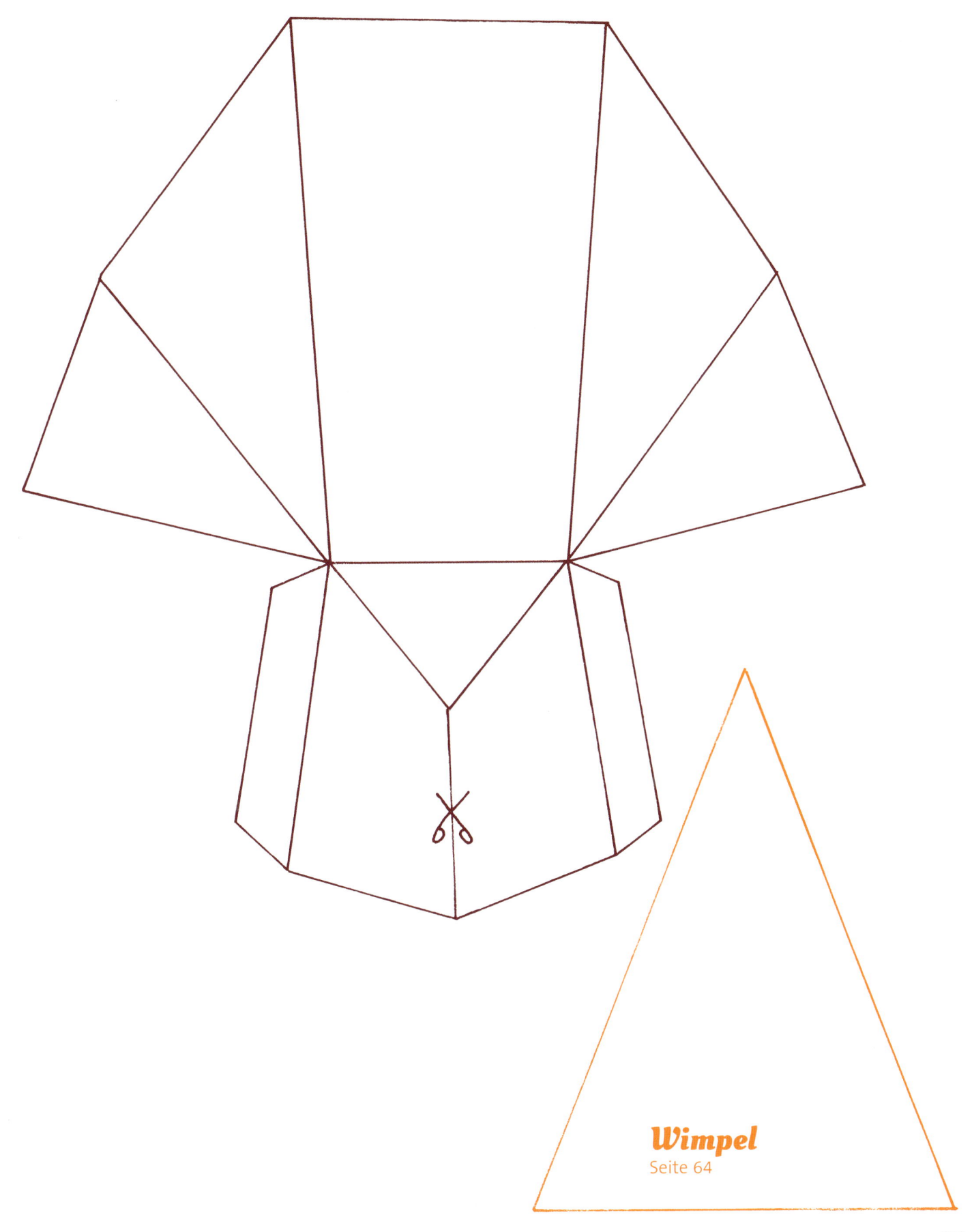

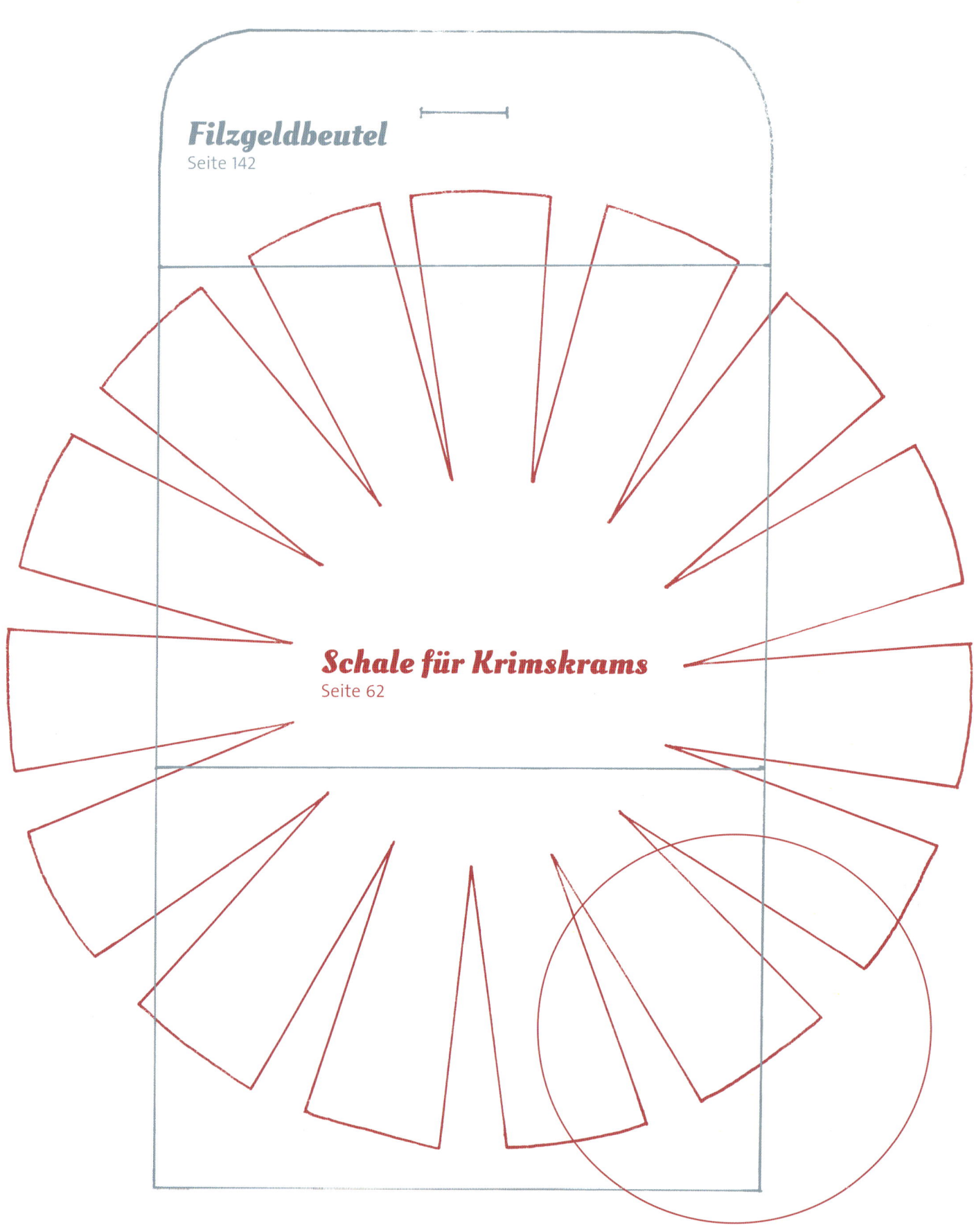

Origami-Katze
Seite 112

Wandsticker
Seite 56

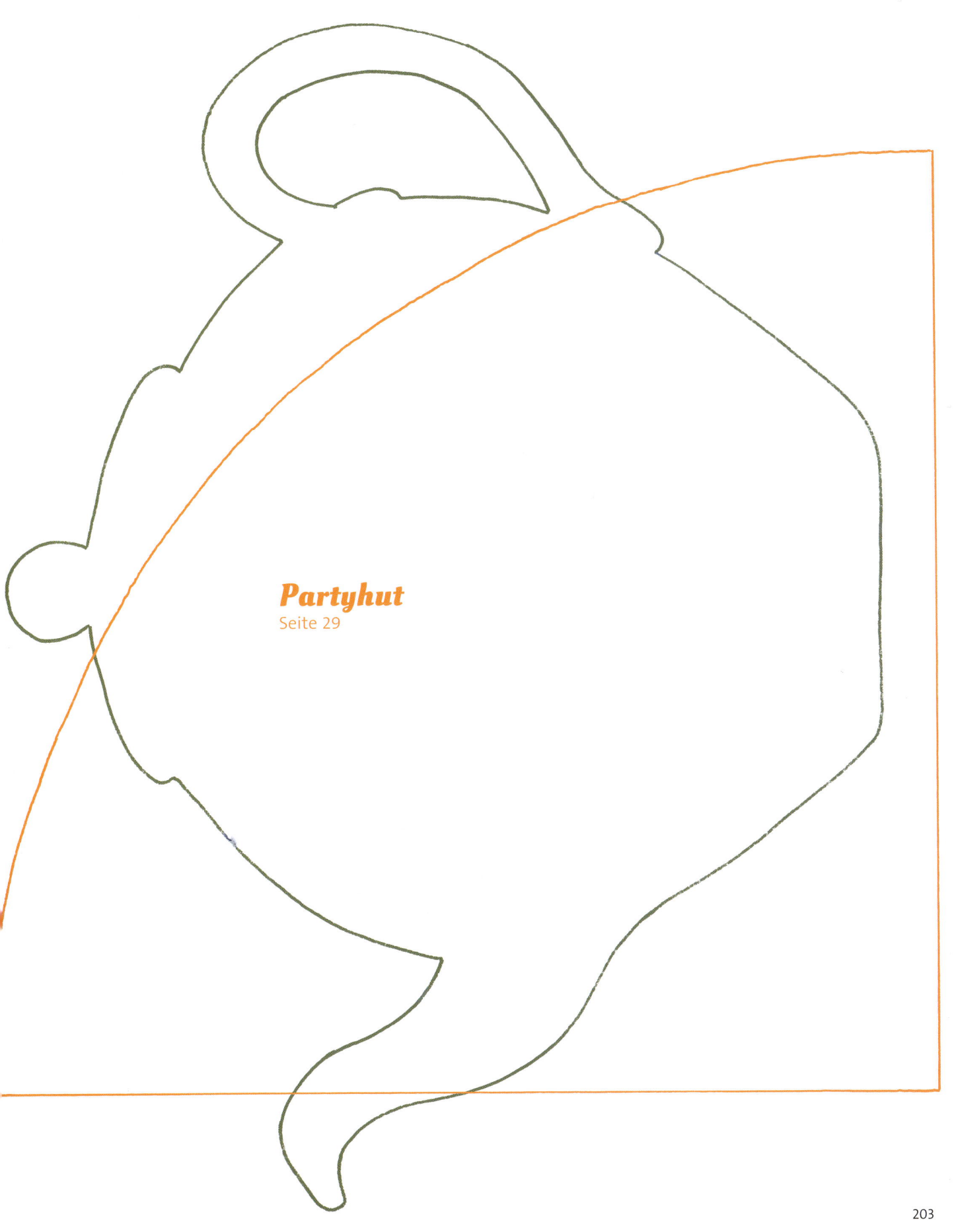

Partyhut
Seite 29

Register

A
Anhänger für eine Tasche 103
Anziehpuppe aus Filz 147
Apfel am Stiel 35
Armband 21
Armband aus Pailletten 109
Aufbewahrungsboxen 66

B
Baiser mit Pfirsichen und Beeren 26
Bananenkuchen 91
Bananenmuffins 47
Blaubeermuffins 42
Blumenkette 83
Blumenkinder 85
Blumenkränze flechten 80
Blumenpresse 78
Blumensamen 87
Blumensträuße 84
Blumentorte 86
Brötchen 41
Bügelperlen 161

E
Einladung zum Blumenfest 45
Einladung zur Pyjamaparty 37
Eisdiele basteln 123
Eiswürfel mit Vergissmeinnicht 91
Essbare Blüten 88

F
Faltboote 129
Filzgeldbeutel 143
Flechten 100
Freundebuch 16
Frühstückskörbchen 40

G
Geflochtene Armbänder 101
Geflochtener Gürtel 187
Gefüllte Kartoffeln 38
Geschenkverpackung 45
Gestrickte Tiere 134
Goldfedern 157

H
Haargummis 169
Haarreif 168
Haarschleife 172
Haarspange mit Kirschen 170
Haarspange mit Propeller 171
Halskette 18
Halskette mit Perlen 102, 106
Halskette aus Pastaperlen 122
Halskette mit Quasten 104
Handytäschchen 191
Herbarium 49
Herbstblätter 93
Himbeermuffins 91
Höhle für drinnen und draußen 71
Holunderblüten-Pfannkuchen 90
Holunderblütensirup 46, 90
Hübscher Kuchen 43

J
Joghurt mit Müsli 42

K
Kaninchen fürs Zimmer 114
Kartoffeldruck 180
Katze aus Filz 145
Kirschenbrosche 108
Kissen aus Küchentüchern 61
Koffer mit Stoffbezug 179

L
Lampe mit Schmetterlingen 73
Lavendelsäckchen 87
Limonade 25

M
Minikommode 69
Minipizzen 33
Minischatz 158
Minitörtchen 46
Mini-Webrahmen 141
Mohnkuchen 38
Muffinkette 31
Muscheldiadem 158
Muschelfiguren 158
Muscheln bemalen 119

N
Nähzeug in der Eierschachtel 151
Naschtütchen 46

O
Obstsalat 42
Obst zeichnen 126
Origami-Katze 113

P
Paillettenarmband 109
Partyflasche 29
Pastabroschen 121
Pastakette 120
Perlenarmband 30
Pfeifenreiniger-Krönchen 29
Pfingstrosen-Gesichter 85
Pralinen aus Filz 165
Prinzessinnenzucker 92
Pompons 162

R
Rock 185
Rosenbrosche 105

S
Salat 38
Sandwich mit Aubergine 25
Schal mit Sternen 182
Schale für Krimskrams 62
Schlüsselanhänger 189
Schmetterlinge 38
Schmuckschatulle 107
Schnürsenkel 124
Schokofrüchtchen 47
Schuhe mit Pompons 188
Schuhe mit Pünktchen 186
Scrapbook 125
Segelausflug in der Nuss-Schale 164
Seifengießen 153
Sicherheitsnadel als Anstecker 109
Sonnenhut mit Bändchen 178
Sonnenschutz 96
Spiegel 54
Spitzen-Höhle 95
Steine bemalen 116
Sternenkette 37
Sternenkissen 60
Sticken 136
Stickereien 137
Strandsäckchen aus Tüll 157
Stricken 132

T
Tanktop mit bunten Rauten 182
Tanktop mit Fransen 176
Tanktop mit Glitzersteinchen 177
Tasche 192
Theater mit selbst gemachten Puppen 49
Tischkärtchen 38
Torte mit Beeren 48
Torte mit Geheimnis 35
Traumzimmer 53
T-Shirt mit Blümchen 181

W
Wandsticker 57
Wimpelkette 65

Für Manon und Inès, meine geliebten Mädchen

Danksagung

Ich danke all den hübschen Mädels, die Lust hatten, bei diesem Buch mit dabei zu sein. Wir hatten wirklich ein paar schöne und lustige Tage zusammen.

Astrid, Bianca, Cecilie, Ellen, Emilia, Inès, Livia, Lucca, Manon, Miriam, Oline, Selma, Sif, Sofie-Emilie

Danke auch an Panduro Hobby für das Material.

Hinweis

Materialangaben und Hinweise in diesem Buch wurden von der Autorin und den Mitarbeitern des Verlags sorgfältig geprüft. Eine Garantie wird jedoch nicht übernommen. Autorin und Verlag können für eventuell auftretende Fehler oder Schäden nicht haftbar gemacht werden. Das Werk und die darin gezeigten Modelle sind urheberrechtlich geschützt.

1. Auflage 2016
© Arena Verlag GmbH, Würzburg 2016
Alle Rechte vorbehalten
Die dänische Originalausgabe erschien 2014 unter dem Titel »Den store pigebok: Sy, tegn, strik, design« bei Forlaget Carlsen – ein Verlag unter dem Lindhardt und Ringhof-Verlag A/S, eine Gesellschaft im Egmont-Konzern
www.carlsen.dk
www.lindhardtogringhof.dk
www.lemire.dk

Text, Illustrationen und Fotografien © 2014 Sabine Lemire und Carlsen Verlag
Comics und Vignetten © 2014 Rasmus Bregnhøi
Fotos der Geburtstagsparty, der Pyjamaparty, der Höhle für drinnen (Bild vom Zimmer), der Tasche, des Handytäschchens, der strickenden Hände und der Möbel im Traumzimmer
Freundinnenbuch © 2014 Monica Bach
Grafische Gestaltung: Malene Henssel
Übersetzung aus dem Dänischen: Eva Eckinger
Satz der deutschen Ausgabe: Malte Ritter
Das Buch wurde gesetzt aus der The Sans und Oleo Script.
Druck: Westermann Druck Zwickau GmbH
ISBN 978-3-401-70874-4

www.arena-verlag.de